C·H·Beck
PAPERBACK

Herzlich willkommen zu Albrecht Beutelspachers kleiner Knobel-Kur. In jeder der 11 mal 11 Knobelaufgaben dieses Buches schlummert eine zündende Idee. Wer sie herausfindet oder den Lösungsweg auch nur nachvollzieht, spürt die Kraft des eigenen Denkens. Und lernt etwas über Mathematik, ohne sich mit mathematischer Sprache herumzuplagen.

Jedes Kapitel beginnt mit einer klassischen und endet mit einer besonders herausfordernden Knobelaufgabe. Häufig haben aufeinanderfolgende Aufgaben etwas miteinander zu tun. Ein Riesenspaß und turbulentes Gedankenfest für alle Knobelanfänger, Knobelprofis und Knobelsüchtigen.

Albrecht Beutelspacher ist Professor em. für Diskrete Mathematik und Geometrie an der Universität Gießen sowie Gründungsdirektor des Mathematikums. Er ist Träger zahlreicher Auszeichnungen und Preise, darunter des Communicator-Preises des Stifterverbandes für die deutsche Wissenschaft (2000), des Deutschen IQ-Preis (2004), des Hessischen Kulturpreises (2008) sowie der Medaille für naturwissenschaftliche Publizistik der Deutschen Physikalischen Gesellschaft (2014). Bei C.H.Beck sind von ihm u. a. lieferbar: *Albrecht Beutelspachers Kleines Mathematikum. Die 101 wichtigsten Fragen und Antworten zur Mathematik* ([4]2016); *Geheimsprachen. Geschichte und Techniken* ([6]2021); *Zahlen. Geschichte, Gesetze, Geheimnisse* ([3]2021); *Null, unendlich und die wilde 13. Die wichtigsten Zahlen und ihre Geschichten* ([4]2020).

Albrecht Beutelspacher

DAS G3HEIMNI5 DER ZWÖLFTEN MÜNZE

Neue mathematische Knobeleien

C.H.Beck

Mit zahlreichen Abbildungen

Originalausgabe

www.chbeck.de
Umschlaggestaltung: geviert.com, Michaela Kneißl
Umschlagabbildung: © Shutterstock
Satz: Fotosatz Amann, Memmingen
Druck und Bindung: Druckerei C.H.Beck, Nördlingen
Printed in Germany
ISBN 978 3 406 77554 3

myclimate
klimaneutral produziert
www.chbeck.de/nachhaltig

Inhalt

Vorwort

Eine Knobelaufgabe erzählt eine *Geschichte*. Dabei wird auf Einleitung, Vorreden, Motivation großzügig verzichtet, vielmehr geht es sofort zur Sache: «Auf einer Party sind 10 Menschen», «An einer Weggabelung sitzen zwei Eulen, von denen eine die Wahrheit sagt, die andere lügt», «Vor Ihnen liegen 12 Goldmünzen», ...

Die Geschichte mündet nach wenigen Zeilen in eine *Frage*, die die eigentliche Knobelaufgabe ist: «Wie oft klingelt es?», «Ist der rechte Weg der richtige?», «Wie findet man die Münze heraus, die schwerer als die anderen ist?», ...

Das ist die Stelle, an der Sie als Leserin oder Leser eine aktive Rolle spielen können und sollen: Sie haben die Gelegenheit, eine Antwort auf die Frage oder, anders gesagt, eine *Lösung* des Problems zu suchen. Das Finden ist zugegebenermaßen manchmal schwierig, daher werden Sie bei jeder Aufgabe auf einen Lösungsweg geführt.

Der *Inhalt* der Geschichten ist nicht relevant, denn sie sind oft weltfern und haben entgegen dem ersten Anschein nichts mit Anwendungen zu tun. Kein Mensch interessiert sich wirklich dafür, wie oft bei einer realen Party Gläser klingen, an keiner Wegkreuzung sitzen zwei Eulen, von denen eine lügt und die andere die Wahrheit sagt, und kaum einer ist jemals vor das Problem gestellt, das korrekte Gewicht von Goldmünzen mit einer Balkenwaage bestimmen zu müssen. Die Geschichten sind abstrus. Und das ist gut so. Denn je abstruser eine Geschichte ist, desto besser kann man sie sich merken.

Radikal könnte man sagen: Auf die Geschichten kommt es eigentlich nicht an. Und auf die Antworten auch nicht, denn da die

Geschichten weltfern sind, sind auch die Antworten auf die Fragen irrelevant für die Probleme unserer Welt.

Was macht denn dann die Faszination der Aufgaben aus? Es ist nicht die Geschichte, es ist nicht die Frage. Und es ist nicht die Antwort oder die Lösung. Sondern es ist der *Weg*, der uns zur Antwort führt!

Der Weg wird sichtbar durch einen Gedankenblitz. Dieser beleuchtet das Problem einen kurzen Augenblick lang so hell, dass einem alles klar vor Augen steht. Es ist großartig, solche Gedankenblitze zu erleben. Ich verspreche Ihnen: Auch wenn Sie eine Aufgabe nur teilweise oder gar nicht lösen konnten oder wollten, werden Sie an den Gedankenblitzen teilhaben können und dabei große Freude erleben. Natürlich wird die Befriedigung noch größer werden, wenn Sie zunächst tatsächlich ein paar Minuten lang versuchen, die Lösung selbst zu finden.

Ich knoble, also bin ich

Dieses Buch leistet – wie alle anderen Knobelbücher auch – keinen Beitrag zu den großen Problemen der Welt: es löst nicht die Umweltkrise, es stoppt nicht das Wettrüsten, es verhindert keinen Rassismus, es liefert keinen Beitrag zur Bewältigung der Corona-Pandemie.

Oder doch?

Diese Sammlung ist entstanden, als ich zu Beginn der Corona-Krise von der lokalen Zeitung angesprochen wurde. Der Nachrichtenfluss war abrupt abgebrochen und reduziert auf Corona-Meldungen. Daher suchte die Redaktion verzweifelt Beiträge, die (a) nichts mit Corona zu tun haben und die (b), vor allem, positive Gefühle wecken sollten. Die verrückte Idee war, dass eine tägliche Mathe-Knobelaufgabe helfen und als kleiner Sonnenstrahl den Alltag der Leserinnen und Leser erhellen könnte.

Man könnte sagen: Die Knobelaufgaben bilden ein kleines Refugium, einen Rückzugsort, an dem man sicher ist, von keinen schwierigen Problemen des Alltags oder der Welt heimgesucht zu werden.

Aber dahinter steckt meiner Einschätzung nach viel mehr. Wenn Sie eine Knobelfrage beantworten oder einen Lösungsweg nachvollziehen, dann spüren Sie die Power Ihrer Gedanken. Sie erfahren die Kraft Ihres Denkens. Sie nehmen sich selbst wahr. Das dient Ihnen zur Selbstvergewisserung: Völlig egal, wie schwierig die Lebensumstände sind, Ihr Denken funktioniert 100%ig! Und das ist eine gute Nachricht.

Knobeln und Mathe

Die Aufgaben dieses Buches gehören zur Mathematik.

- Aber nicht, weil man rechnen muss. Natürlich werden Sie bei vielen Aufgaben rechnen, aber das geht nebenher, und es ist völlig klar, dass das Rechnen nicht die Hauptsache, sondern ein Hilfsmittel ist. Das Buch enthält keine puren Rechenaufgaben.
- Auch nicht, weil man eine mathematische Theorie anwendet, etwa die Theorie des Gleichungslösens. Natürlich sind Gleichungen ein großartiges Mittel, mit dem man auch viele Aufgaben dieses Buches lösen könnte, aber darum geht es gar nicht.
- Und schon gar nicht, weil man mathematisches Wissen anwendet, etwa Kongruenzsätze oder irrationale Zahlen. Im Gegenteil: Ihr Denken soll voraussetzungslos stimuliert werden.

Die Aufgaben dieses Buches gehören zentral zur Mathematik. Und zwar aus mindestens drei Gründen.

- Sie regen Ihr Denken an.
  Das fängt schon beim ersten Schritt an, der völlig unbewusst erfolgt: Kaum haben Sie einen Satz gelesen wie «Auf einer Party sind 10 Menschen, die miteinander anstoßen», lösen Sie sich schon von ihm. Es ist klar, dass es nicht um 10 Menschen in ihrer Individualität geht, sondern um 10 Objekte, die miteinander interagieren und die man deshalb, ohne ihnen zu nahezutreten, als Punkte oder Zahlen repräsentieren kann. An diesen automatischen Abstraktionsprozess schließt sich dann die eigentliche kreative Phase an, in der Sie argumentieren, probieren und überlegen, bis Ihnen – hoffentlich – die zündende Idee kommt.
  In jeder Aufgabe schlummert eine zündende Idee.

- Die Aufgaben bieten Ihnen Orientierung.
  Bücher oder Webseiten mit Knobelaufgaben erwecken oft den Eindruck eines bunten Sammelsuriums von Themen, Geschichten und Methoden. In diesem Buch versuche ich, die Aufgaben in einer gewissen Ordnung zu präsentieren. Jedes Kapitel steht unter einem Thema und beginnt mit einer «klassischen» Aufgabe, die fast überall auftaucht und die Vorbild für viele Aufgaben ist. Aufeinanderfolgende Aufgaben haben manchmal etwas miteinander zu tun, das heißt, man kann zuweilen eine Aufgabe leicht lösen, wenn man die vorhergehende bearbeitet hat. So sind 11 Kapitel mit jeweils 11 Aufgaben entstanden; jedes Kapitel beginnt mit einer «klassischen» Aufgabe und endet mit einer besonders herausfordernden Aufgabe.
  Bei jeder Aufgabe können Sie etwas lernen.

- Die Aufgaben vermitteln Ihnen Erfolgserlebnisse.
  Die Lösungen und die Lösungswege sagen Ihnen nicht nur, dass etwas richtig ist, sie zeigen Ihnen auch, warum es stimmt.

Und daher sagt Ihnen nicht nur Ihr Verstand, sondern auch Ihr Gefühl: Ja, so ist es. Es passt, es stimmt, das ist die richtige Lösung. Wenn Sie sich in die Problemlage etwas hineingedacht haben, dann werden Sie genau den entscheidenden Punkt identifizieren können. Das ist, banal gesagt, der Gedankensplitter, den man nicht ohne weiteres selbst entdecken würde.

Jede Aufgabe hat das Potential zu einem Erfolgserlebnis!

Die Aufgaben gehören zur Mathematik und die Lösungswege, die Gedankenblitze erst recht. Aber nichts ist in mathematischer Sprache formuliert, sondern so, dass sich Ihre Gedanken ohne äußere Hindernisse mit dem Problem beschäftigen können.

Man kann sogar sagen: Wenn Sie diese Aufgaben und Lösungen mögen, haben Sie – ob Sie das wahrhaben wollen oder nicht – eine Affinität zur Mathematik.

Ich danke Marc Schäfer für den Anstoß zu dieser Aufgabensammlung. Ein besonderer Dank gilt den vielen Zeitungsleserinnen und -lesern, die mit Begeisterung geknobelt und auch kleinste Ungenauigkeiten entdeckt haben. Schließlich danke ich meiner ehemaligen Studentin und jetzigen Kollegin Merle Porta und ihrem Mann sehr herzlich für die gründliche Durchsicht der Aufgaben. Ich habe über viele Stellen noch einmal nachgedacht und versucht, sie besser zu verstehen und klarer zu formulieren.

In Familie und Gesellschaft

Der Klassiker

Ein ganzer Strauß von Aufgaben rankt sich um das «Anstoßen» bei einer Party. Die Grundidee ist, dass je zwei Teilnehmer genau einmal miteinander anstoßen. Manchmal wird auch das Bild des Händeschüttelns benützt: Je zwei Teilnehmer schütteln sich genau einmal die Hände. Der einfachste Aufgabentyp ist:

Wie oft klingelt es?

Bei einer Party sind 10 Personen anwesend. Jeder stößt mit jedem genau einmal an. Wie oft «klingelt» es?

Lösungsweg: Das kann man sich wie folgt klarmachen: Der erste Gast stößt mit genau 9 Menschen an. Der zweite stößt mit genau 8 weiteren Personen an; denn mit der ersten hat er ja schon angestoßen. Der dritte stößt mit 7 neuen Personen an und so weiter. Es «klingelt» also genau $9 + 8 + 7 + \ldots + 2 + 1 = 45$-mal.

Man kann die Zahl auch auf andere Weise bestimmen: Jeder der 10 Menschen stößt mit genau 9 anderen an; wenn zwei Menschen miteinander anstoßen, klingelt es aber nur einmal. Also klingelt es insgesamt $10 \cdot 9/2$-mal. Und das ergibt auch 45.

Zusatzinformation: Ganz allgemein gilt: Wenn je zwei von n Personen genau einmal miteinander anstoßen, klingelt es genau $n \cdot (n-1)/2$-mal.

n	2	3	4	5	6	7	8	9	10	11	12	13	14
Wie oft klingelt es?	1	3	6	10	15	21	28	36	45	55	66	78	91

Man kann die Aufgabenstellung auch umdrehen:

1. Wie viele Gäste?

Auf einer Party ist eine gewisse Anzahl von Menschen. Jeder stößt mit jedem genau einmal an. Insgesamt «klingelt» es genau 55-mal. Wie viele Menschen sind auf der Party?

Lösung:

Auf der Party sind 11 Menschen.

Zusatzinformation: Wenn man schon weiß, dass 11 Menschen miteinander anstoßen, kann man leicht verifizieren, dass es genau 55-mal klingelt. Wie kommt man aber von 55 auf 11? Oder von 465-mal Klingeln auf 31 Gäste?

Dazu beobachten wir, dass die Anzahl der Klingeltöne $n(n-1)/2$ fast $n \cdot n/2$ ist, genauer gesagt ist die Anzahl der Klingeltöne ein kleines bisschen kleiner als $n^2/2$.

Damit kann man wie folgt vorgehen: Man geht von der Anzahl der Klingeltöne aus (etwa $n^2/2$), verdoppelt diese (und erhält etwa n^2) und zieht daraus die Wurzel. Die nächstgrößere ganze Zahl ist dann n, also die Lösung.

Zum Beispiel können wir von 55 Klingeltönen ausgehen, verdoppeln diese Zahl (110); die nächste Quadratzahl ist 121 und die Wurzel daraus ist 11. Ausgehend von 465 Klingeltönen erhalten wir als die doppelte Zahl 930. Die Wurzel daraus ist etwa 30,5. Die darauffolgende ganze Zahl ist 31, und das ist die Zahl der Gäste.

Schließlich kann man die Regel «Jeder stößt mit jedem an» aufweichen:

2. Nicht mit dem Partner

Auf einer Gesellschaft sind nur Paare eingeladen. Jeder stößt mit jedem genau einmal an – aber nicht mit seinem Partner. Es klingelt genau 112-mal.

Wie viele Paare sind anwesend?

Lösung:

Auf der Gesellschaft sind genau 8 Paare.

Erklärung: Jeder der 16 Teilnehmer stößt mit genau 14 anderen an. Also klingelt es bei 16 Gästen genau $16 \cdot 14/2$-mal, das heißt 112-mal.

Zusatzinformation: Wenn m Paare bei einer Party sind und jeder mit jedem – außer mit seinem Partner – anstößt, dann klingelt es genau $2m \cdot (2m-2)/2 = 2m(m-1)$-mal.

Schließlich gibt es noch eine interessante Variation der Anstoßaufgaben.

3. Nicht jeder mit jedem

Der Professor und seine Frau haben zwei befreundete Ehepaare eingeladen. Zur Begrüßung trinkt jeder ein Glas Sekt. Manche stoßen miteinander an, manche nicht. Das passiert nicht systematisch, aber so, dass keiner mit seinem Partner anstößt und mit jedem anderen höchstens einmal.

Der Professor hat nicht richtig aufgepasst. Als er seine Frau fragt, sagt diese nur: «Wir anderen haben alle mit einer unterschiedlichen Zahl von Menschen angestoßen.»

Mit wie vielen Menschen hat der Professor angestoßen?

Lösungsweg: Wir stellen jeden Teilnehmer durch einen kleinen Kreis dar. Der eine Partner eines Paares ist durch einen dunklen, der andere durch einen hellen Kreis gekennzeichnet. Der Professor wird durch den dunklen Kreis unten repräsentiert.

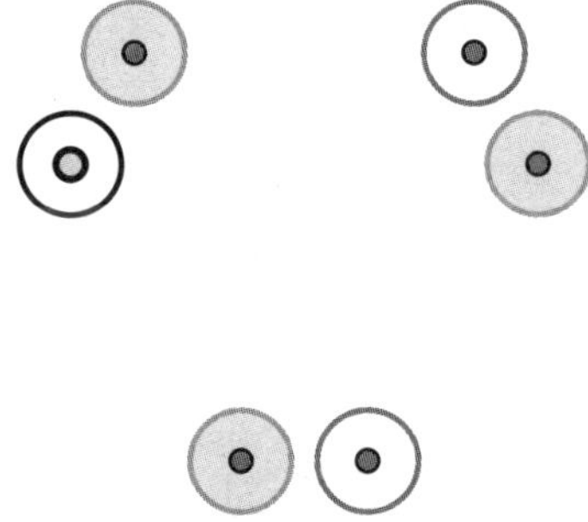

Da die anderen fünf Personen alle mit unterschiedlich vielen Menschen angestoßen haben, müssen sie mit 0, 1, 2, 3, 4 Personen angestoßen haben (denn keiner kann mit mehr als vier Personen anstoßen).

Wenn die Frau des Professors mit vier Personen angestoßen hätte, müssten das die vier Gäste sein. Dann hätte aber jeder Gast mit mindestens einer Person angestoßen und keiner mit null Personen. Das widerspricht der Aussage der Frau des Professors. Also ist die Person, die mit vier anderen angestoßen hat, einer der Gäste. Sein oder ihr Partner ist dann der, der mit niemanden angestoßen hat. Wir stellen die Situation durch folgendes Bild dar (der Professor und seine Frau sind unten gedacht):

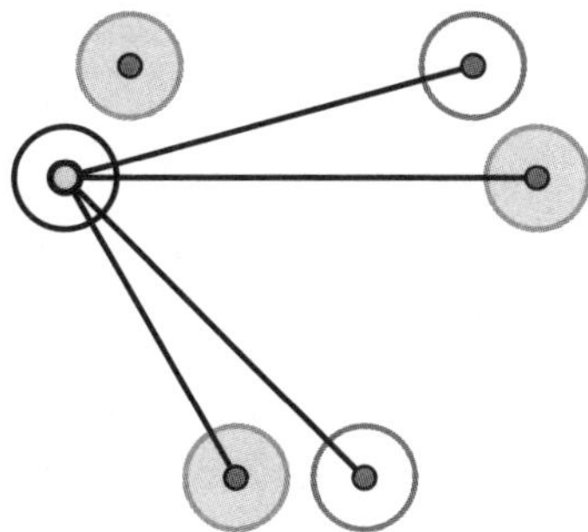

Nun fragen wir: Kann die Frau des Professors mit drei Personen angestoßen haben? Nein, denn dann hätte jeder Gast mit null oder mindestens zwei Personen angestoßen und keiner mit nur einer. Also hat ein Partner des zweiten eingeladenen Paars mit drei Personen angestoßen. Die Situation ist also so, wie auf folgendem Bild zu sehen ist:

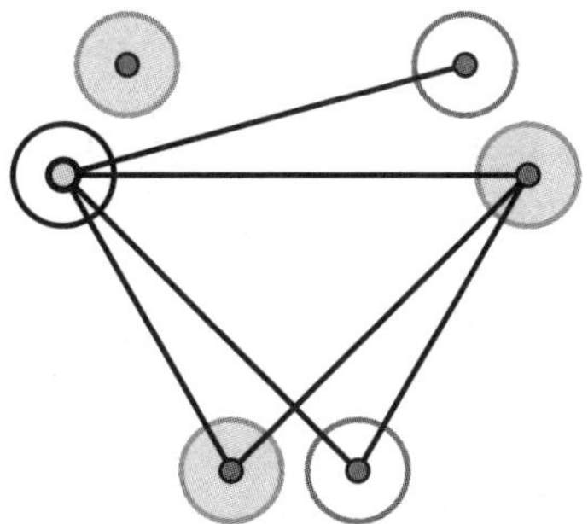

Lösung:

Der Professor und seine Frau haben jeweils mit zwei Personen angestoßen (einem von jedem Gästepaar), und zwar den gleichen.

Hinweis: Man kann eine entsprechende Aufgabe auch für beliebig viele eingeladene Paare formulieren. Die Antwort ist stets: Der Professor und seine Frau haben mit den gleichen Personen angestoßen, und zwar mit jeweils einer von jedem eingeladenen Paar.

4. Sitzordnung

Ein Gastgeberehepaar hat weitere 4 Paare, jeweils Mann und Frau, zu einem Essen eingeladen. Insgesamt sind es also 5 Paare. Das Essen wird an einem großen runden Tisch eingenommen. Nun haben sich die Frauen in den Kopf gesetzt, dass keine Frau zwischen zwei Männern sitzen soll, und sie wünschen sich auch, dass kein Mann zwischen zwei Männern sitzt.

Der Gastgeber kommt ins Grübeln. Kann er diesen Wunsch erfüllen?
Wir wäre es, wenn insgesamt 6 Paare an dem Essen teilnehmen würden?

Lösungsweg: Wir versuchen, uns klarzumachen, warum man 5 Paare nicht so setzen kann, wie es die Frauen wünschen. Es ist klar, dass maximal 2 Männer nebeneinandersitzen dürfen. Da 5 Männer zu verteilen sind, gibt es mindestens 3 zusammenhängende Männergruppierungen (zum Beispiel zweimal 2 zusammen und einer einzeln). In die drei «Lücken» müssen die Frauen gesetzt werden. Da keine Frau allein zwischen zwei Männern sitzen darf, sitzen in jeder «Lücke» mindestens 2 Frauen. Also bräuchte man für die (mindestens) 3 Lücken mindestens 6 Frauen.

Lösung:

Bei 5 Paaren geht es nicht. Bei 6 Paaren, also 6 Männern und 6 Frauen, wäre es einfach: Man würde abwechselnd jeweils 2 Frauen und 2 Männer platzieren.

5. Wie viele Männer?

Auf einem Fest sind insgesamt 53 Männer und Frauen. Den ganzen Abend über wird getanzt. Jede Frau hat mit mindestens 10 Männern getanzt. Genauer gesagt hat eine der Frauen mit 10 Männern getanzt, eine mit 11, eine mit 12 usw. bis zur letzten Frau, die mit allen Männern getanzt hat. Wie viele Frauen und Männer waren auf dem Fest?

Lösungsweg: Wir nummerieren die Frauen kurzzeitig (und wenig charmant) mit der Anzahl der Männer, mit denen sie getanzt haben. Es gibt also die Frauen F_{10}, F_{11}, F_{12}, …

Nun denken wir uns für einen Augenblick noch neun Frauen F_1, $F_2, \ldots, F_9$ hinzu, die mit 1 bzw. 2 … bzw. 9 Männern getanzt haben. Dann hätten insgesamt $53 + 9 = 62$ (reale und gedachte) Frauen und Männer an dem Fest teilgenommen.

Wir bezeichnen die Anzahl der Frauen mit m. Dann tragen die Frauen die Bezeichnungen $F_1, F_2, \ldots, F_9, F_{10}, \ldots, F_m$. Die Frau F_m hat mit genau m Männern getanzt. In der Aufgabe steht, dass sie mit allen Männern getanzt hat. Also gibt es auch genau m Männer.

Lösung:

Auf dem Fest waren $62/2 = 31$ Männer und $31 - 9 = 22$ reale Frauen.

6. Eine kinderreiche Familie

Eine kinderreiche Familie hat Söhne und Töchter. Einer der Söhne sagt: «Ich habe genauso viele Schwestern wie Brüder», während eine Tochter sagt: «Ich habe doppelt so viele Brüder wie Schwestern.»

Wie viele Töchter und Söhne hat die Familie?

Lösungsweg: Die Aussage des Sohnes sagt uns, dass die Anzahl der Söhne um 1 größer ist als die Anzahl der Töchter. Daher ist aus Sicht der Tochter die Anzahl ihrer Brüder um 2 größer als die Anzahl ihrer Schwestern. Wenn «2 mehr» das Gleiche ist wie «das Doppelte», dann muss es sich um die Zahlen 2 und 4 handeln.

Das kann man auch ausrechnen: Wir bezeichnen die Anzahl der Schwestern der Tochter mit s. Dann hat sie $s + 2$ Brüder. Nun sagt sie, dass die Anzahl ihrer Brüder doppelt so groß wie die ihrer Schwestern ist, das heißt, sie hat 2s Brüder. Somit ist $s + 2 = 2s$, und also $s = 2$.

Lösung:

Die Familie hat 4 Söhne und 3 Töchter.

7. Gleiche Anzahl von Bekannten

Viele der fast 8 Milliarden Menschen auf der Welt kennen sich. Wir denken dabei nur an Beziehungen, die durch eine reale gegenseitige Begegnung stattgefunden haben. (Nicht: Ich kenne jemanden aus dem Fernsehen, sondern: Wenn A mit B bekannt ist, ist auch B mit A bekannt.). Behauptung: Es gibt zwei Menschen auf der Welt, die die gleiche Anzahl von Bekannten haben.

Lösungsweg: Sagen wir, es gibt m Menschen auf der Welt. Dann könnte es Menschen geben, die niemanden kennen, solche, die einen einzigen Menschen kennen, usw. und solche, die – kaum vorstellbar – alle anderen kennen. Die Anzahl der möglichen Bekannten eines Menschen reicht also von 0 bis $m - 1$. Das sind m Zahlen.

Nun nehmen wir an, dass es jemanden gäbe, der alle anderen kennt. Dann würde umgekehrt jeder Mensch diesen speziellen

Menschen kennen. Also hätte jeder mindestens einen Bekannten und es gäbe niemanden mit 0 Bekannten. Daher gibt es höchstens m – 1 mögliche Anzahlen von Bekannten. Da es m Menschen gibt, müssen zwei die gleiche Anzahl von Bekannten haben.

Viele Aufgaben handeln von einer gerechten Aufteilung von Grundstücken. Trainieren Sie Ihre Vorstellungskraft mit ein paar geometrischen Fragen.

8. Aufteilung in ähnliche Figuren

(a) Wie kann man ein gleichseitiges Dreieck in drei Dreiecke der gleichen Gestalt aufteilen?
(b) Wie kann man ein gleichseitiges Dreieck in drei Vierecke der gleichen Gestalt aufteilen?
(c) Wie kann man ein beliebiges Dreieck in vier Dreiecke aufteilen, die alle die gleiche Gestalt wie das Original haben – nur eben kleiner sind?

Lösungen:

(a) Man verbindet den Mittelpunkt des Dreiecks mit den Ecken und erhält eine Aufteilung in drei kongruente Dreiecke.
(b) Wenn man durch den Mittelpunkt des Dreiecks parallele Strecken zu den Seiten zieht, erhält man eine Aufteilung des Dreiecks in drei kongruente Trapeze.

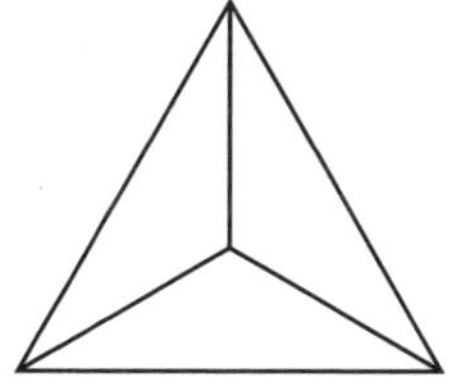

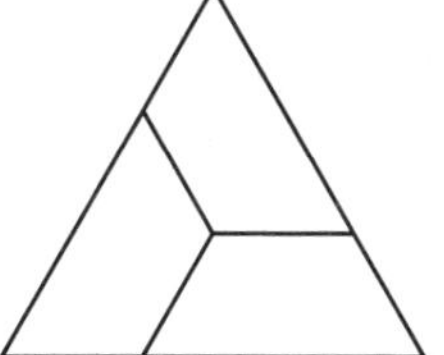

Lösung:

(c) Wenn man die Mittelpunkte der Seiten eines Dreiecks verbindet, erhält man vier gleich große Dreiecke, die ähnlich zum großen Dreieck sind, das heißt die gleiche Gestalt haben.

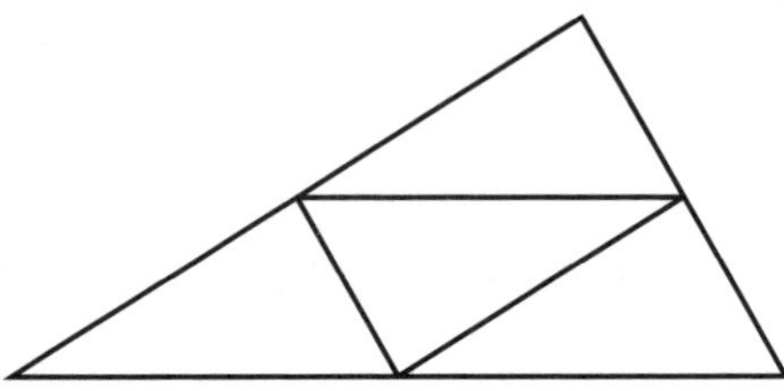

Wenn man beweisen möchte, dass die vier kleinen Dreiecke kongruent (also gleichgestaltig und gleich groß) sind, muss man die Kongruenzsätze verwenden.

9. Grundstücksteilung

Eine Familie besitzt ein L-förmiges Grundstück, das man sich so denken kann, dass von einem Quadrat ein Viertel entfernt wurde.

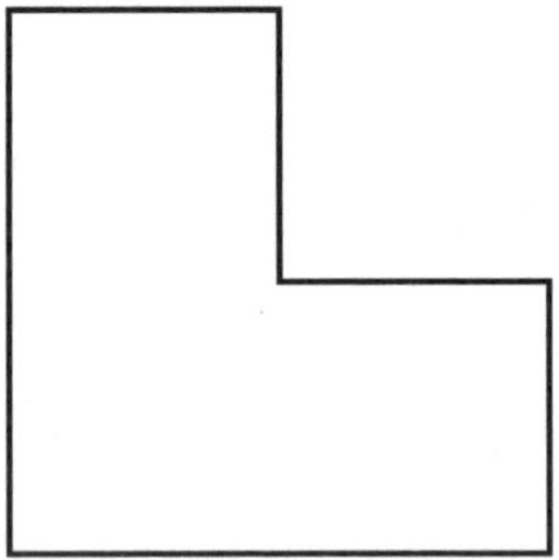

Nachdem die Eltern gestorben waren, erfuhren die Kinder aus dem Testament, dass jedes Kind ein Viertel des Grundstücks erhalten würde – unter der Voraussetzung, dass alle vier Teile so aussehen wie das Original, nur eben kleiner.

Lösungsweg: Wenn man das Grundstück so verkleinert, dass die Längen auf die Hälfte schrumpfen, erhält man ein Grundstück derselben Form wie das ursprüngliche, aber mit einem Viertel des Flächeninhalts. Jedes Kind bekommt ein solches Grundstück.

Lösung:

Die kleinen L-förmigen Teile passen in das ursprüngliche Grundstück, wobei sie zum Teil gedreht werden müssen: Eines passt in den Winkel, eines links oben, das dritte rechts unten und das vierte in die Ecke unten links.

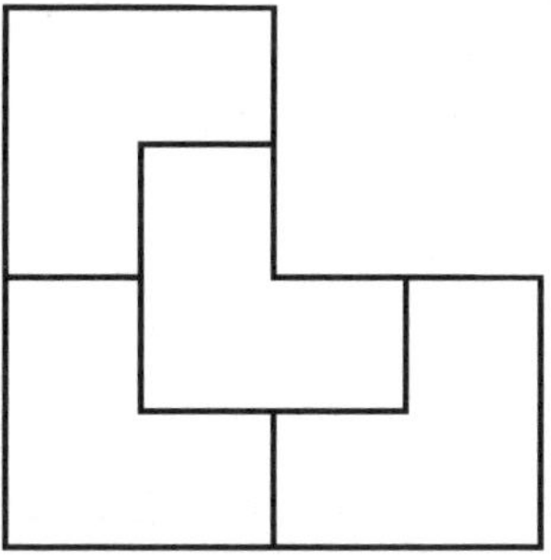

10. Der Weg nach außen

In einem geheimnisvollen Schloss hat jeder Raum, auch jeder Flur, eine gerade Anzahl von Türen. Dabei werden Außentüren mitgezählt. Kann es sein, dass dieses Schloss nur eine Außentür hat?

Lösungsweg: Wir machen ein Gedankenexperiment: Wir betreten das Schloss durch eine Eingangstür und gehen irgendwie durch das Schloss, aber so, dass wir jede Tür nur einmal benutzen. Wenn wir eine Tür schon mal benutzt haben, ist diese für uns tabu, und zwar in beiden Richtungen. Dabei versuchen wir, so lange wie möglich eine Außentür zu vermeiden.

Was wird passieren?

Wir bleiben nirgends «stecken». Bei jedem Raum, den wir betreten und verlassen, werden genau 2 Türen «verbraucht». Es bleibt also eine gerade Anzahl von Türen dieses Raumes übrig. Das heißt: Entweder ist die Zahl 0 – und dann werden wir den Raum nie mehr betreten – oder sie ist 2, 4, 6 usw.; das heißt: Wenn wir den Raum durch eine Tür betreten, finden wir garantiert eine unbenutzte Tür, durch die wir ihn wieder verlassen können.

Je länger wir in dem Schloss herumgehen, desto mehr Zimmer sind «abgearbeitet». Irgendwann wird es so sein, dass unsere einzige Möglichkeit ist, eine Außentüre zu benutzen. Da die erste Außentüre schon benutzt wurde, muss es eine zweite geben.

Lösung:

Nein

11.* Überwachung

Fünf Kleinkriminelle trauen sich gegenseitig nicht über den Weg. Daher haben sie sich in Eigenregie folgendes Selbstüberwachungssystem ausgedacht: Sie stellen sich so auf, dass ihre Abstände zueinander alle verschieden sind. Dann hat jeder einen anderen, der ihm am nächsten steht. Genau den bewacht er.

(1) Überlegen Sie sich, dass immer einer unbewacht bleibt.

(2) Könnte das System funktionieren, wenn die Ganoven nur zu viert wären?

Lösungsweg: Eine Kernargumentation können wir schon in dem Fall leicht erkennen, in dem es nur drei Ganoven gibt. Da die Abstände alle verschieden sind, gibt es einen kleinsten Abstand, sagen wir zwischen A und B. Also beäugen sich A und B gegenseitig. Der dritte im Bunde wird dann nicht überwacht.

Lösung:

(1) Auch bei fünf Kleinkriminellen gibt es einen kleinsten Abstand zwischen (zum Beispiel) A und B, diese bewachen sich gegenseitig. Nun sind zwei Fälle denkbar:

Fall 1: Keiner der drei anderen bewacht A oder B. Dann bilden diese eine abgeschlossene Dreiergruppe und wir wissen schon, dass einer von ihnen unbeaufsichtigt bleiben wird.

Fall 2: C bewacht A oder B. Dann stehen für die Ganoven C, D, E nur zwei Überwachungspersonen zur Verfügung. Also bleibt einer unbewacht.

(2) Wenn sich vier Personen an die Ecken eines langgezogenen Rechtecks aufstellen und man eine kurze Seite ein klein bisschen verlängert oder verkürzt, dann sind die Abstände alle verschieden und es wird jeder bewacht.

Allgemein: Wenn die Zahl der Kriminellen ungerade ist, bleibt mindestens einer unbewacht; wenn ihre Zahl gerade ist, können sie sich so aufstellen, dass jeder bewacht wird.

Wie die Zeit vergeht

Ein wirklicher Klassiker

Über den antiken griechischen Mathematiker Diophant weiß man nur wenig. Sein Lebensalter erschließt man aus der (angeblichen) Inschrift seines Grabsteins. Dort steht (in moderner Formulierung): Ein Sechstel seines Lebens war er ein Kind, ein Zwölftel Jugendlicher, darauf brauchte es noch ein Siebtel bis zu seiner Hochzeit. Nach fünf Jahren Ehe wurde ihm ein Sohn geboren. Dieser starb allerdings, als er halb so alt war, wie der Vater werden sollte. Nach dem Tod des Sohnes hatte Diophant noch vier Jahre zu leben.

Wissen Sie, wie alt Diophant wurde?

Lösungsweg: Man kann das Rätsel natürlich dadurch lösen, dass man eine Gleichung aufstellt. Einfacher ist es, wenn man der Aufgabe entnimmt, dass das Lebensalter von Diophant durch 6, durch 12 und durch 7 ohne Rest teilbar sein muss. Daher liegt es nahe, das kgV dieser Zahlen zu bestimmen (das kgV ist die kleinste Zahl, in der diese Zahlen aufgehen); das ist $12 \cdot 7 = 84$. Dann muss man nur noch testen, ob alle Bedingungen erfüllt sind, wenn Diophant 84 Jahre alt geworden ist.

Die Gleichung, mit der man die Aufgabe auch lösen könnte, lautet

$$a = \frac{1}{6}a + \frac{1}{12}a + \frac{1}{7}a + 5 + \frac{1}{2}a + 4,$$

wobei a das gesuchte Alter Diophants ist. Wenn man diese Gleichung löst, ergibt sich auch $a = 84$.

Die meisten Rätsel, die nach einem Alter fragen, bringen das Alter von zwei Personen zu zwei Zeitpunkten in Beziehung zueinander. Aus den beiden Beziehungen kann man dann – hoffentlich – das Alter bestimmen. Die beiden folgenden Aufgaben sind Beispiele für diesen Aufgabentyp.

1. Wie alt bin ich?

Als mein Vater 31 Jahre alt war, war ich 8 Jahre alt. Jetzt ist mein Vater doppelt so alt wie ich. Wie alt bin ich?

Lösungsweg: Als ich geboren wurde, war mein Vater $31 - 8 = 23$ Jahre alt. Seitdem werden wir beide jedes Jahr ein Jahr älter. Wenn ich 23 Jahre alt bin, muss er $23 + 23 = 46$ Jahre alt sein, doppelt so alt wie ich.

Lösung:

23

2. Wie alt ist Papa?

Die Tochter sagt: «Papa, in 5 Jahren bist du nur noch doppelt so alt wie ich.» Darauf der Papa: «Dabei war ich vor 5 Jahren noch drei Mal so alt wie du!»

Wie alt sind die beiden?

Lösungsweg: Man kann die Aufgabe lösen, indem man Gleichungen aufstellt: $p + 5 = 2(t + 5)$ («Das Alter des Papas in 5 Jahren ist das Zweifache des Alters der Tochter in 5 Jahren») und $p - 5 = 3(t - 5)$ («Das Alter des Papas vor 5 Jahren war das Dreifache des Alters der Tochter vor 5 Jahren») und diese löst.

Man kann aber auch ohne Gleichungen die Lösungsmöglichkeiten zumindest drastisch einschränken. Wir bezeichnen das Alter des Vaters vor 5 Jahren kurz mit a. Dann ist a eine Zahl, die durch 3 teilbar ist, denn die Tochter war ja genau ein Drittel so alt. Andererseits ist a + 10 das Alter des Vaters in 5 Jahren. Dieses muss durch 2 teilbar sein, weil die Tochter ja genau halb so alt sein wird. Wenn die Zahl a + 10 durch 2 teilbar ist («gerade ist»), dann ist auch a durch 2 teilbar. Also ist a durch 3 und durch 2, also durch 6 teilbar.

Somit ist das Alter des Vaters vor 5 Jahren eine der Zahlen 6, 12, 18, 24, 30, 36, … Durch Ausprobieren findet man jetzt schnell das richtige Alter heraus.

Lösung:

Die Tochter ist 15, der Vater 35 Jahre alt.

3. Wie alt ist der Kollege?

Ich habe meinen Kollegen gefragt, wie alt er sei. Er antwortete: «Wenn du die beiden Ziffern meines Alters zusammenzählst, die Summe mit 8 multiplizierst und dann noch 1 dazuzählst, erhältst du mein Alter.» Wie alt ist der Kollege?

Lösungsweg: Wenn man vom Alter des Kollegen 1 abzieht, ergibt sich eine durch 8 teilbare Zahl (nämlich das Achtfache der Summe der Ziffern). Daher kommen für das Alter nur die Zahlen 8 + 1 = 9, 16 + 1 = 17, 24 + 1 = 25 usw. in Frage. Nun kann man einfach ausprobieren, welches die richtige Zahl ist.

Lösung:

Der Kollege ist 41 Jahre alt.

4. Frau Meier und ihre Kinder

Frau Meier bekam mit 23 ihr erstes Kind, ein Jahr später ihr zweites und noch ein Jahr später ihr drittes Kind. Heute ist es so, dass ihr Alter gleich der Summe der Alter ihrer Kinder ist. Wie alt ist Frau Meier?

Lösungsweg: Als Frau Meier 25 Jahre alt war, war die Summe der Alter ihrer Kinder gleich 2 + 1 + 0 = 3. In jedem Jahr wird diese Summe um 3 größer, während Frau Meier um genau ein Jahr älter wird.

Lösung:

Frau Meier ist 36 und ihre Kinder sind 11, 12, 13 Jahre alt.

5. Summentage

Der 01.01.02 war ein «Summentag», weil die Summe aus Tag und Monat das Jahr ergibt (1 + 1 = 2). Welches ist der auf den 01.01.02 folgende Summentag? Wie viele Summentage wird es im Jahr 2036 geben? Und: Welches ist der letzte Summentag in unserem Jahrhundert?

Lösungsweg: Der auf den 01.01.02 folgende Summentag ist der 02.01.03. Insgesamt gibt es im Jahr 2036 genau acht Summentage, nämlich die Tage 31.05.36, 30.06.36, 29.07.36, 28.08.36, 27.09.36, 26.10.36, 25.11.36 und 24.12.36.

Lösung:

Der letzte Summentag im 21. Jahrhundert ist der 31.12.2043, denn an diesem Tag ist sowohl die Zahl des Tages als auch die des Monats maximal.

Zusatzfragen: Wenn man die Einsen in 1961 nur als Striche schreibt, sieht die Zahl gleich aus, wenn man sie umdreht. Gab es schon vorher eine Jahreszahl mit dieser Eigenschaft? Welches ist die nächste?

Lösung:

(a) Ja, zum Beispiel 1001, 1111, 1881.
(b) Die nächste punktsymmetrische Jahreszahl ist 6009.

6. Überholmanöver bei Uhrzeigern

Bei einer analogen Uhr stehen die Zeiger um 12:00 Uhr genau senkrecht übereinander. Das ist erst wieder um 24:00 Uhr der Fall. Wie oft überholt der große Zeiger den kleinen in der Zwischenzeit? Zu welcher Uhrzeit passiert das zum ersten Mal?

Lösungsweg: Die Zeiger stehen zu folgenden Zeitpunkten übereinander: um 12:00 Uhr, zwischen 13:00 und 14:00 Uhr, zwischen 14:00 und 15:00 Uhr usw. Schließlich zwischen 22:00 und 23:00 Uhr und dann wieder um genau 24:00 Uhr. Das sind genau 11 Zeitintervalle. Da sich die Zeiger völlig gleichmäßig bewegen und sich überhaupt nicht darum kümmern, was auf dem Ziffernblatt steht, sind diese 11 Intervalle alle gleich lang.

Lösung:

Der erste Überholvorgang passiert genau dann, wenn der kleine Zeiger 1/11 seiner Runde zurückgelegt hat. Das ist nach einer Stunde und knapp fünfeinhalb Minuten der Fall.

7. Eine Uhr halbieren

Stellen Sie sich eine analoge Uhr vor, auf der die Zahlen 1 bis 12 zu sehen sind. Können Sie das Ziffernblatt durch einen geraden Strich in zwei Teile so einteilen, dass die Summe der Zahlen in beiden Teilen gleich ist?

Zusatzfrage: Können Sie das Ziffernblatt durch zwei Striche in drei Teile einteilen, so dass die Summe der Zahlen in jedem Teil gleich groß ist?

Lösungsweg: Die (leicht schräge) Linie trennt die «obere Hälfte» mit den Zahlen 10, 11, 12, 1, 2, 3 von der unteren Hälfte.

Lösung der Zusatzfrage:

Da die zwölf Zahlen 1, 2, …, 12 zusammen 78 ergeben, muss die Summe in jedem Drittel gleich 78/3 = 26 sein. Zum Beispiel könnte man die Zahlen 11, 12, 1, 2 abtrennen. Wo muss dann der zweite Strich gezogen werden?

8. Spiegeluhrzeiten

Man nennt eine Zahl eine Spiegelzahl, wenn sie von vorne und von hinten gleich aussieht, wie zum Beispiel 1441 oder 272. Manche digital angezeigten Uhrzeiten sind Spiegelzahlen, beispielsweise 9:39 Uhr oder 12:21 Uhr. Welches sind die Spiegelzeiten, die am schnellsten aufeinander folgen?

Lösung:

9:59 und 10:01 mit einem Abstand von nur 2 Minuten.

9. Symmetrische Kilometerstände

Ich liebe es, wenn der Kilometerstand an meinem Auto eine symmetrische Zahl ist, zum Beispiel 123 321. Meistens verpasse ich den richtigen Moment dann doch und muss bis zur nächsten symmetrischen Zahl warten, in diesem Fall bis 124 421. Das sind 1100 lange Kilometer. Bei manchen symmetrischen Zahlen ist der Abstand zur nächsten symmetrischen Zahl viel kleiner. Welche Zahlen sind das?

Lösung:

Zum Beispiel ist die auf 199 991 folgende symmetrische Zahl die Zahl 200 002, die man schon nach 11 Kilometern erreicht.

Spitzfindige Leser könnten auch so argumentieren: Bei der symmetrischen Zahl 999 999 braucht man nur einen Kilometer bis zur nächsten symmetrischen Zahl 000 000. Hm. Ich bin überzeugt, dass auch Ihr Tacho nicht «000 000», sondern nur «0» anzeigt …

10. Alter der Tochter

In unserer Nachbarschaft ist eine Familie neu eingezogen. Als ich mit dem Vater ins Gespräch komme, erzählt er, dass sie drei Töchter haben. Als ich nach deren Alter frage, stellt er mich auf die Probe: «Das Produkt der Alter unserer Töchter ist 36.» Darauf erwidere ich: «Das schließt natürlich viele Möglichkeiten aus, lässt aber auch noch einige zu.» Darauf er: «Die Summe der Alter unserer Töchter ist unsere Hausnummer.» Ich schaue, rechne und überlege, komme aber zu dem Schluss: «Damit kann ich die Alter immer noch nicht eindeutig bestimmen.» In diesem Augenblick kommt eine der Töchter und der Vater stellt sie vor: «Das ist unsere älteste.»

Damit bekomme ich heraus, wie alt die Töchter sind. Sie auch?

Lösungsweg: Wenn das Produkt der Lebensalter der drei Töchter 36 ist, dann gibt es dafür nur folgende Möglichkeiten:

Alter der Töchter	Summe der Alter
1, 1, 36	38
1, 2, 18	21
1, 3, 12	16
1, 4, 9	14
1, 6, 6	13
2, 2, 9	13
2, 3, 6	11
3, 3, 4	10

Eine dieser Möglichkeiten muss es sein. Die einzigen Kombinationen mit gleicher Summe sind 1, 6, 6 und 2, 2, 9. Nur in diesem Fall bringt mir der Blick auf die Hausnummer noch keine Gewissheit.

Aber die Aussage, dass es eine älteste Tochter gibt, schließt die Kombination 1, 6, 6 aus.

Lösung:

Die Kinder sind 9 sowie 2 und 2 Jahre alt.

Die folgende Aufgabe ist noch verblüffender, kann aber mit einer ähnlichen Strategie gelöst werden.

11.* Wie alt ist der Kapitän?

Der Steuermann eines Ausflugsschiffs sagt an einem verregneten Nachmittag zum Smutje: «Heute waren nur drei Passagiere auf dem Sonnendeck. Da konnte ich mich mit allen unterhalten.»

Der Smutje fragt ihn: «Wie alt waren die drei denn?»

Da stellt der Steuermann dem schlauen Smutje eine Aufgabe: «Das Produkt der Alter der drei ist 2450. Und wenn du die Zahlen zusammenzählst, erhältst du genau dein Alter.»

Der Smutje rechnet und denkt nach. Dann sagt er: «Also, so bekomme ich das nicht raus. Mir fehlen noch Informationen.»

Da sagt der Steuermann beiläufig: «Übrigens sind alle drei jünger als unser Kapitän.»

Da leuchten die Augen des Smutje: «Na klar, jetzt weiß ich, wie alt die sind.»

Das will ich von Ihnen aber gar nicht wissen, sondern meine Frage lautet: Wie alt ist der Kapitän?

Lösungsweg: Er ist zunächst so ähnlich wie bei der vorigen Knobelaufgabe, aber am Schluss kommt noch ein neues Argument dazu.

Man zerlegt 2450 auf alle möglichen Arten in drei Faktoren (dabei ist es nützlich zu wissen, dass $2450 = 2 \cdot 5 \cdot 5 \cdot 7 \cdot 7$ ist). Zusätzlich berechnet man die Summen der Faktoren.

Alter 1	Alter 2	Alter 3	Summe
2450	1	1	2452
1225	2	1	1228
490	5	1	496
350	7	1	358
245	10	1	256
245	5	2	252
175	14	1	190
175	7	7	189
98	25	1	124
98	5	5	108
70	35	1	106
70	7	5	82
50	49	1	100
50	**7**	**7**	**64**
49	25	2	76
49	**10**	**5**	**64**
35	35	2	72
35	14	5	54
35	10	7	52
25	14	7	46

Da der Smutje noch keine Lösung findet, wenn er die Summe kennt, kommen nur die beiden Möglichkeiten (50, 7, 7) und (49, 10, 5) mit der Summe 64 in Frage.

Wie alt ist der Kapitän? Wenn er 49 Jahre alt oder jünger wäre, dann wären nicht alle Passagiere jünger als er. Wenn der Kapitän 51 oder älter wäre, wären bei beiden verbleibenden Möglichkeiten alle Passagiere jünger als der Kapitän und der Smutje könnte keine Entscheidung treffen.

Lösung:

Der Kapitän ist 50 und die drei Passagiere sind 49, 10 und 5 Jahre alt.

Zahlen über Zahlen

Der Klassiker

Bei vielen Knobelaufgaben wird eine Zahl gesucht, die man nach einer vorgegebenen Weise ausrechnen muss. Bei manchen Aufgaben ist es aber genau umgekehrt: Bei diesen sind die Zahlen der linken Seite und das Ergebnis gegeben, und die Aufgabe besteht darin, die richtigen Rechenzeichen zu finden, um eine gültige Gleichung zu erhalten. Ein Beispiel macht den Aufgabentyp klar:

Setze zwischen die Zahlen 1 2 3 4 5 6 7 ein paar Pluszeichen, so dass sich 100 ergibt. (Wenn man zum Beispiel 12 + 3 + 45 + 6 + 7 schreiben würde, gäbe das die Zahl 73.)

Lösungsweg: Angenommen, die Zahlen 6 und 7 würden einzeln stehen, dann wäre die maximale Summe 1 + 23 + 45 + 6 + 7 = 82. Also muss in der Summe entweder 56 oder 67 vorkommen.

Lösung:

Dei Lösungen sind 1 + 2 + 34 + 56 + 7 und 1 + 23 + 4 + 5 + 67.

Zusatzfrage: Jetzt drehen wir die Reihenfolge um: Können Sie zwischen die Zahlen 7 6 5 4 3 2 1 einige Pluszeichen setzen, so dass das Ergebnis 190 ist?

1. Nur Achten

Wie kann man aus acht Achten die Zahl 1000 erhalten, wenn man nur addieren darf?

Lösungsweg: Wenn man durch Addition von Zahlen, die nur aus Achten bestehen, die Zahl 1000 erhalten möchte und man dafür nur acht Achten zur Verfügung hat, dann geht es nicht ohne 888. Damit erhält man dann in einigen Schritten die Lösung.

Lösung:

8 + 8 + 8 + 88 + 888

2. 6 auf zehn Weisen

Fügen Sie auf der linken Seite jeder der folgenden Gleichungen übliche Rechenzeichen ein, so dass die Gleichung stimmt. Dabei sind auch Klammern, Wurzeln und Fakultätszeichen erlaubt. Es ist allerdings streng verboten, weitere Ziffern hinzuzufügen.

0 _ 0 _ 0 = 6
1 _ 1 _ 1 = 6
2 _ 2 _ 2 = 6
3 _ 3 _ 3 = 6
4 _ 4 _ 4 = 6
5 _ 5 _ 5 = 6
6 _ 6 _ 6 = 6
7 _ 7 _ 7 = 6
8 _ 8 _ 8 = 6
9 _ 9 _ 9 = 6

Lösungsweg: Manche der Aufgaben sind einfach zu lösen. Zum Beispiel die Aufgabe Nr. 6: $6 \cdot 6/6 = 6$. Die Aufgabe Nr. 2 ist nicht viel schwieriger: $2 + 2 + 2 = 6$. Wenn man beachtet, dass $2 = \sqrt{4}$ ist, hat man auch die Aufgabe Nr. 4 gelöst: $\sqrt{4} + \sqrt{4} + \sqrt{4} = 6$.

Man kann die Sechs auch durch eine Approximationsmethode erreichen («erst mal grob zielen und anschließend korrigieren»): $3 \cdot 3 - 3 = 6$, $5 + 5/5 = 6$, $7 - 7/7 = 6$. Damit ergibt sich auch die Aufgabe Nr. 9: $\sqrt{9} \cdot \sqrt{9} - \sqrt{9} = 6$.

Schwierig sind die ersten beiden Aufgaben, insbesondere die Aufgabe Nr. 0. Mit welchem Rechenzeichen kann man aus null eine positive Zahl machen? Mit dem «Fakultätszeichen»! Denn die Mathematiker haben definiert $0! = 1$. Für positive natürliche Zahlen n ist n! das Produkt der positiven Zahlen bis n. So ist zum Beispiel $3! = 3 \cdot 2 \cdot 1 = 6$. Damit können wir die ersten Aufgaben lösen: $(1 + 1 + 1)! = 6$ und $(0! + 0! + 0!)! = 6$.

Am schwierigsten ist die Aufgabe Nr. 8, jedenfalls wenn man die offensichtliche «Lösung» $\sqrt[3]{8} + \sqrt[3]{8} + \sqrt[3]{8} = 6$ ausschließt, weil bei «$\sqrt[3]{8}$» die Zahl 3 als weitere Ziffer hinzugefügt wird.

Mit einer Kombination der Approximations-, Wurzel- und Fakultätsmethode kann man aber auch dieses Problem knacken:

$$(\sqrt{8 + 8/8})! = 6.$$

Hinweis: Eine bekannte Herausforderung ist unter dem Namen «vier Vieren» bekannt: Man soll viermal die Zahl 4 (und verschiedene Rechenoperationen) verwenden, um möglichst viele natürliche Zahlen zu erzeugen. Dabei darf keine andere Zahl verwendet werden. Einige Beispiele: $0 = 4 - 4 + 4 - 4$, $1 = (4 + 4)/(4 + 4)$, $2 = 4 \cdot 4/(4 + 4)$, $3 = (4 + 4 + 4)/4$, $4 = 4 + (4 - 4)/4$, $5 = (4 \cdot 4 + 4)/4, \ldots$ Siehe den Wikipedia-Artikel zu «Vier Vieren».

3. Angehängte Ziffern

Ich denke mir eine Zahl. Ich schreibe die gleiche Zahl nochmals auf und hänge eine Null an. Diese beiden Zahlen – die ursprüngliche und die mit der angehängten Null – addiere ich und erhalte 715. Wie lautet meine Zahl?

Lösungsweg: Die letzte Ziffer der Zahl muss eine 5 sein. Wenn die Summe aus einer zweistelligen und einer dreistelligen Zahl 715 ist, muss die erste Ziffer der dreistelligen Zahl 6 oder 7 sein. Also lautet die gesuchte Zahl 65 oder 75.

Man kann die Lösung auch so finden: In der Aufgabe wird die unbekannte Zahl x im Grunde mit 11 multipliziert. Denn man rechnet $x + 10x$ (= $11x$). Also ergibt sich $x = 715/11$.

Lösung:

ϛ9

Zusatzfrage: Ich denke mir eine neue Zahl. Darunter schreibe ich diese Zahl nochmals, aber mit einer angehängten Sieben. Darunter schreibe ich erneut die zweite Zahl, an die ich eine zweite Sieben angehängt habe. Die Summe dieser drei Zahlen ist 6300. Welche Zahl habe ich mir gedacht?

Lösungsweg: Die Einerziffer der Zahl muss eine 6 sein; denn diese Ziffer zusammen mit $7 + 7$ muss die Einerziffer null haben. Also ist der Übertrag auf die Zehnerstelle gleich 2. Die Summe an der Zehnerstelle ist also $2 + 7 + 6$ plus die erste Ziffer der gedachten Zahl. Da das Ergebnis die Endziffer 0 haben muss, ist die erste Ziffer der gedachten Zahl gleich 5.

Lösung:

56

4. Dreimal so groß

Ich habe eine sechsstellige Zahl, die mit 1 beginnt. Wenn man die 1 an das Ende der Zahl bringt, erhält man auch eine sechsstellige Zahl. Diese ist genau 3-mal so groß wie die erste. Wie lautet meine Zahl?

Lösungsweg: Wir betrachten die fünfstellige Zahl ohne die 1 und nennen sie A. Die 1 an den Anfang zu setzen bedeutet «plus 100 000», also $A + 100\,000$. Die 1 an das Ende zu setzen bedeutet zunächst, dass die Zahl A um eine Stelle nach links verschoben wird, also 10A wird. Mit der 1 am Ende ist das die Zahl $10A + 1$.

Die Bedingung lautet also $(A + 100\,000) \cdot 3 = 10A + 1$. Daraus ergibt sich $300\,000 - 1 = 7A$.

Lösung:

$A = 142\,857$

5. Mit der 9 im Spiegel

Ich kenne eine vierstellige Zahl, die folgende Eigenschaft hat: Wenn man sie mit 9 multipliziert, ergibt sich ihre Spiegelzahl, das heißt, die Ausgangszahl, nur von hinten gelesen. Wie lautet diese Zahl?

Lösungsweg: Man kommt auf die Antwort, wenn man sich klarmacht, wie die Multiplikation mit den Ziffern funktioniert (das ist das sogenannte schriftliche Multiplizieren).

Wir haben folgende Aufgabe zu lösen:

THZE · 9 = EZHT

Zunächst muss T = 1 sein, denn das Neunfache der Zahl ist immer noch eine vierstellige Zahl. Also sieht unsere Aufgabe so aus:

1HZE · 9 = EZH1

Nun schauen wir auf die Einerziffer E. Diese muss mit 9 multipliziert eine Zahl mit Endziffer 1 ergeben. Das geht nur für E = 9. Somit haben wir schon die Hälfte der Ziffern bestimmt:

1HZ9 · 9 = 9ZH1

Als Nächstes betrachten wir die Hunderterstelle H. Das Produkt von H mit 9 darf keinen Übertrag erzeugen, weil die Tausenderstelle des Ergebnisses gleich 9 ist. Also ist H = 1 oder H = 0.

Nehmen wir zunächst an, dass H = 1 ist. Dann lautet die Aufgabe

11Z9 · 9 = 9Z11

Nun können wir einfach argumentieren: Das Ergebnis ist eine durch 9 teilbare Zahl, also muss ihre Quersumme durch 9 teilbar sein; das geht nur, wenn Z = 7 ist. Allerdings ist 1179 · 9 nicht gleich 9711 und somit scheidet H = 1 aus.

Es bleibt die Möglichkeit H = 0, das heißt 10Z9 · 9 = 9Z01. Wegen der Teilbarkeit durch 9 ist Z = 8.

Lösung:

Tatsächlich ist 1089 · 9 = 9801.

Bemerkung: Man kann die entsprechende Aufgabe auch für größere Zahlen stellen. Antworten sind die Zahlen 98 901, 989 901, 9 899 901 usw.

Diese Aufgabe hat eine Variante: Gesucht ist eine vierstellige Zahl mit folgender Eigenschaft: Wenn man die Zahl mit 4 multipliziert, erhält man ihre Spiegelzahl. Finden Sie diese Zahl!

Lösung:

$2178 \cdot 4 = 8712$

Größere Zahlen mit der entsprechenden Eigenschaft sind: 21 978, 219 978, 2 199 978, …

6. Das maximale Produkt

Was ist das größte Produkt, das man mit natürlichen Zahlen erhalten kann, deren Summe 16 ist?

Lösungsweg: Um zu verstehen, wie wir vorgehen müssen, schauen wir uns zunächst ein einfaches Beispiel an, nämlich die Produkte, bei denen die Summe der Faktoren gleich 6 ist. Das sind folgende Produkte, die wir der Größe nach anordnen:

$$5 \cdot 1 < 3 \cdot 2 \cdot 1 < 4 \cdot 2 = 2 \cdot 2 \cdot 2 < 3 \cdot 3$$

Daran kann man Folgendes erkennen: Wenn man ein möglichst großes Produkt erreichen möchte, ist es nützlich, viele Dreien zu verwenden. Insbesondere ist es besser, zwei Dreien einzusetzen als drei Zweien.

Stellen wir uns nun ein Produkt vor, dessen Faktoren addiert 16 ergeben, zum Beispiel $2 \cdot 2 \cdot 3 \cdot 4 \cdot 5 = 240$. Daraus können wir ein größeres Produkt machen, indem wir 5 durch 2 und 3 ersetzen. Dabei bleibt die Summe gleich, wir erhalten aber (wegen $5 < 2 \cdot 3$) ein größeres Produkt, nämlich $2 \cdot 2 \cdot 3 \cdot 4 \cdot 2 \cdot 3 = 2 \cdot 2 \cdot 2 \cdot 3 \cdot 3 \cdot 4 = 288$. Nun ersetzen wir noch die drei Zweien durch zwei Dreien.

Lösung:

$3 \cdot 3 \cdot 3 \cdot 4 = 3 \cdot 3 \cdot 3 \cdot 3 \cdot 2 \cdot 2 = 324$

Das ist die allgemeine Regel: Man ersetzt jeden Faktor, der größer als 3 ist, durch Zweien und Dreien. In einem zweiten Schritt ersetzt man je drei Zweien durch zwei Dreien. Das Ergebnis ist ein Produkt aus maximal zwei Zweien und sonst nur Dreien. Das ist das größtmögliche Produkt.

Zum Beispiel ist das maximale Produkt, dessen Faktoren sich zu 32 addieren, gleich $2 \cdot 3 \cdot 3 \cdot 3 \cdot 3 \cdot 3 \cdot 3 \cdot 3 \cdot 3 \cdot 3 \cdot 3 = 118\,098$.

7. Quadrat und Kubik

Die Zahl 1 ist eine Quadratzahl (denn es gilt $1 = 1^2$) und eine «Kubikzahl» (denn es gilt $1 = 1^3$). Welches ist die zweitkleinste Zahl, die eine Quadratzahl und eine Kubikzahl ist?

Lösung:

64. Denn es gilt $64 = 8^2$ und $64 = 4^3$.

Tatsächlich ist für jede Zahl a die Potenz a^6 sowohl eine Quadratzahl (nämlich das Quadrat von a^3) als auch eine Kubikzahl (nämlich die dritte Potenz von a^2).

8. Zwischen den Ziffern

Schreiben Sie die Ziffern 1, 1, 2, 2, 3, 3, 4, 4 in eine Reihe, so dass

- zwischen den zwei Einsen genau eine Ziffer steht
- zwischen den zwei Zweien genau zwei Ziffern stehen
- zwischen den zwei Dreien genau drei Ziffern stehen
- zwischen den zwei Vieren genau vier Ziffern stehen.

Lösungsweg: Wir lösen zunächst die einfachere Aufgabe, nur die Ziffern 1, 1, 2, 2, 3, 3 so anzuordnen, dass zwischen den Einsen genau eine Ziffer, zwischen den Zweien genau zwei Ziffern und zwischen den Dreien genau drei Ziffern stehen.

Dazu schreiben wir zunächst die beiden Dreien auf. Zwischen ihnen reservieren wir drei Plätze und einen letzten Platz am Ende der Folge: 3 _ _ _ 3 _.

Es kann nicht sein, dass beide Zweien zwischen den Dreien stehen. Also steht eine am Ende: 3 _ _ _ 3 2.

Damit steht die andere Zwei in der Mitte der beiden Dreien und die Einsen zwischen den Dreien und den Zweien: 3 1 2 1 3 2.

Die Lösung der Originalaufgabe funktioniert ganz ähnlich, ist aber ein bisschen komplizierter. Wir gehen von den zwei Vieren aus, zwischen denen wir vier freie Plätze vorsehen. Es bleiben zwei Plätze übrig, die sich entweder an einem Ende befinden oder sich auf beide Enden verteilen.

Wir betrachten den Fall, dass an einem Ende noch zwei Plätze frei sind. Auf einem dieser Plätze muss eine Drei stehen. Wenn diese Drei ganz außen stehen würde, würde die zweite Drei zwischen den Vieren keine Möglichkeit für die beiden Zweien lassen. Also steht eine Drei auf dem vorletzten Platz: 4 _ 3 _ _ 4 3 _

Wenn beide Zweien zwischen den Vieren wären, gäbe es keinen Platz für die Einsen. Daher begrenzen die beiden Zweien die nebeneinanderstehenden 4 und 3: 4 _ 3 _ 2 4 3 2.

So finden auch die beiden Einsen ihren Platz.

Machen Sie sich klar, dass die Annahme, dass rechts und links von den Vieren noch ein Platz ist, zu einem Widerspruch führt.

Lösung:

41312432

9. Zahlen ohne Null

Unlängst habe ich entdeckt, dass auf meinem 6-stelligen Kilometerzähler im Auto nur ganz selten eine Null zu sehen ist. Kaum tritt dieser Zustand ein, ist er nach wenigen Kilometern wieder weg. Frage: Wie groß ist die Wahrscheinlichkeit, dass eine 6-stellige Zahl (das sind die Zahlen von 100 000 bis 999 999) nur Ziffern hat, die ungleich null sind? (Wenn Sie Wahrscheinlichkeiten nicht mögen: Wie viele 6-stellige Zahlen gibt es, bei denen keine Ziffer gleich null ist?)

Lösungsweg: Da keine der sechs Ziffern gleich 0 ist, gibt es für jede nur 9 Möglichkeiten. Insgesamt sind das $9 \cdot 9 \cdot 9 \cdot 9 \cdot 9 \cdot 9 = 531\,441$ Möglichkeiten. Da es insgesamt 900 000 Zahlen mit 6 Stellen gibt (von 100 000 bis 999 999), ist die Wahrscheinlichkeit für eine 6-stellige Zahl, nur Ziffern ungleich null zu enthalten, gleich $531\,441/900\,000 = 0{,}59$. Also haben 59% der 6-stelligen Zahlen keine Null als Ziffer und immerhin 41% der 6-stelligen Zahlen enthalten mindestens eine Null. Das kommt also gar nicht so selten vor, wie ich dachte.

Zusatzinformation: Interessanterweise nimmt der Anteil der Zahlen, die eine Null enthalten, mit zunehmender Stellenzahl zu. Man kann allgemein den Prozentsatz der n-stelligen Zahlen, die keine Null enthalten, wie folgt ausrechnen: Die Anzahl aller n-stelligen Zahlen ist $9 \cdot 10^{n-1}$, die Anzahl der n-stelligen Zahlen, die keine Null enthalten, ist 9^n. Somit beträgt der Anteil der Zahlen ohne Null gleich $9^n/(9 \cdot 10^{n-1}) = 9^{n-1}/10^{n-1} = (9/10)^{n-1} = 0{,}9^{n-1}$.

In der folgenden Tabelle kann man erkennen, was das konkret heißt:

n	6	12	18	24
Anteil der Zahlen ohne Null	0,59	0,31	0,167	0,089
Anteil der Zahlen ohne Null in Prozent	59 %	31 %	16,7 %	8,9 %
Anteil der Zahlen mit mindestens einer Null	41%	69 %	83,3 %	91,1%

10. Bälle kaufen

Ein Sportverein will für 500 Euro genau 60 Bälle einkaufen. Die Bälle stehen in drei Preiskategorien zur Verfügung: Ein Ball kostet entweder 5 Euro oder 25 Euro oder 50 Euro. Von jeder Sorte soll mindestens ein Ball dabei sein. Wie viele Bälle von jeder Sorte muss der Verein kaufen?

Lösungsweg: Der clevere Schatzmeister des Vereins holt sich die 500 Euro in einhundert 5-Euro-Scheinen. Er stellt sich die 60 Bälle in einer Reihe aufgereiht vor und geht dann wie folgt vor:

Zunächst zahlt er für jeden Ball 5 Euro an. Dazu braucht er 60 Scheine, er hat also noch 40 Scheine übrig.

Dann überlegt er: Für ein Upgrade auf einen 25-Euro-Ball braucht er 4 Scheine, für einen 50-Euro-Ball noch 9 Scheine. Nun gibt es nur eine Möglichkeit, die Zahl 40 in Anteile zu 4 und 9 aufzuteilen, nämlich einmal 4 und viermal 9.

Lösung:

Der Verein kauft vier 50-Euro-Bälle, einen 25-Euro-Ball und fünfundfünfzig 5-Euro-Bälle.

Im Dezimalsystem werden Zahlen durch ihre Ziffern dargestellt. An den Ziffern kann man sehr viele Eigenschaften der Zahl ablesen. In der folgenden Aufgabe beschreiben die Ziffern eine Zahl auf sehr originelle Weise.

11.* Eine Zahl, die sich selbst beschreibt

Gesucht ist eine 7-stellige Zahl mit folgender Eigenschaft: Die erste Ziffer gibt die Anzahl der Nullen an, die in dieser Zahl vorkommen, die zweite Ziffer die Anzahl der Einsen, die dritte die Anzahl der Zweien usw. Schließlich ist die letzte Ziffer die Anzahl der Sechsen.

Wie lautet die Zahl?

Bemerkung: Es gibt auch Variationen der Aufgabe, die ein bisschen schwieriger sind: Gesucht werden eine 8-stellige, eine 9-stellige und eine 10-stellige Zahl mit den entsprechenden Eigenschaften.

Lösungsweg: Die Aufgabe und ihre Lösung sind knifflig, und zwar deswegen, weil jede Ziffer eine Doppelrolle spielt: Zum einen ist sie eine Ziffer der gesuchten Zahl, zum andern gibt sie an, wie viele Ziffern einer gewissen Größe in der Zahl vorkommen. Wenn zum Beispiel an der ersten Stelle eine 3 steht, dann heißt das einerseits, dass genau drei Ziffern der Zahl null sind, und zum anderen, dass an der vierten Stelle (an der die Anzahl der Dreien angezeigt wird) keine Null steht.

Die Summe der Ziffern der Zahl ist somit gleich der Anzahl der Nullen plus der Anzahl der Einsen plus … plus der Anzahl der Sechsen. Das ist die Anzahl aller Ziffern der Zahl, also gleich 7. Diese wichtige «Summenregel» werden wir mehrfach nutzen: Die Summe der Ziffern der Zahl ist 7.

Wir zeigen nun zunächst, dass in der gesuchten Zahl keine «großen» Ziffern vorkommen.

Es kommt keine 6 *vor.* Angenommen, es gäbe eine Sechs. Dann müsste an der letzten Stelle eine 1 stehen (eben, weil es eine 6 gibt). Diese zwei Ziffern ergeben schon die Summe 7; also wären wegen der Summenregel alle anderen Ziffern null. Das heißt, dass die 6 an der ersten Stelle steht und die Anzahl der Nullen angibt. Da an der letzten Stelle eine 1 steht, müsste aber auch an der zweiten Stelle 1 stehen, denn diese Stelle gibt ja die Anzahl der Einsen an. Das ist ein Widerspruch.

Es kommt keine 5 *vor.* Wenn irgendwo eine 5 stünde, müsste diese an der ersten Stelle stehen. Denn sonst gäbe es fünf weitere Ziffern, die nicht null sind; das widerspricht der Summenregel. Also enthält die Zahl 5 Nullen, und es bleibt eine weitere Stelle zu besetzen, an der wegen der Summenregel eine 2 stehen müsste. Also müsste an der dritten Stelle (wo die Anzahl der Zweien angegeben wird) eine 1 stehen: Widerspruch.

Es kommt keine 4 *vor.* Auch eine eventuell vorkommende 4 müsste an der ersten Stelle stehen. Es gäbe noch zwei freie Stellen; an einer müsste eine 1, an der anderen eine 2 stehen. Die «2» sagt, dass es an irgendwelchen Stellen der Zahl zwei gleiche Ziffern (ungleich null) gibt: ein Widerspruch.

Es gibt genau eine 3; diese steht an der ersten Stelle. Es kann keine zwei Dreien geben, denn zumindest eine der Dreien würde nicht an der ersten Stelle stehen. Das würde bedeuten, dass drei Plätze mit von 0 verschiedenen gleichen Ziffern besetzt sind. Dies widerspricht der Summenregel.

Umgekehrt gibt es mindestens eine 3: Angenommen, es gäbe keine. Dann wird die Summe 7 der Ziffern aus Einsen und Zweien zusammengesetzt. Jede solche Zusammensetzung enthält nun entweder 3 Zweien oder 3, 5 oder 7 Einsen. Also müsste auch eine der Ziffern 3, 5 oder 7 vorkommen: Widerspruch.

Da unsere gesuchte Zahl keine 4, 5 oder 6 enthält, steht an den Stellen 5, 6 und 7 eine Null. Daher gibt es 3 Nullen und die 3 steht an der ersten Stelle.

Die Ziffern an den Stellen 2, 3, 4 sind nicht null und müssen wegen der Summenregel zusammen 4 ergeben; dafür gibt es nur die Verteilung 1, 1, 2. Da dabei zwei Einsen vorkommen, muss die 2 an der zweiten Stelle stehen.

Lösung:

3 211 000

Bemerkung: Die 8-stellige, 9-stellige und 10-stellige Zahl mit den entsprechenden Eigenschaften lauten 42101000, 521001000, 6210001000.

Einer lügt immer

Der Klassiker

Vor Ihnen stehen zwei Menschen, und Sie wissen: Der eine lügt immer, der andere sagt immer die Wahrheit. Die beiden wissen natürlich, wer lügt und wer die Wahrheit sagt; Sie wissen das aber nicht. Und genau das sollen Sie herausfinden und dürfen dazu genau eine Frage stellen.

Das ist nicht einfach: Wenn Sie einen der beiden fragen, «Lügen Sie?», würde der Wahrheitsliebende «nein» sagen, der Lügner aber auch. Eben, weil er lügt.

Es reicht auch nicht zu fragen, ob der andere ein Lügner ist, denn darauf würden beide mit «ja» antworten.

Sie müssen so etwas fragen wie: «Was würde der andere sagen, wenn ich ihn fragen würde: ‹Sind Sie der Lügner?›?» Sozusagen von hinten durch die Brust ins Auge. Diese Frage beantwortet der Wahrheitsliebende mit «ja», denn er weiß, dass der Lügner die Frage – fälschlicherweise – mit «ja» beantworten würde. Der Lügner hingegen weiß, dass der Wahrheitslebende «ja» sagen würde, und schwindelt daher «nein».

1. Der richtige Weg

Maike kommt auf einer Wanderung an eine Weggabelung. Einer der Wege führt direkt in die Stadt, die das Ziel ihrer Wanderung ist, der andere auf einen riesigen Umweg. Sie weiß aber nicht, ob der Weg auf der rechten Seite der richtige ist oder der linke.

An der Kreuzung sitzen zwei alte Eulen. Die kennen den richtigen Weg und sind auch bereit, auf Maikes Fragen zu antworten. Allerdings ist es so, dass die eine immer die Wahrheit sagt, während die andere immer lügt – und Maike weiß natürlich nicht, welche Eule die Wahrheit sagt und welche lügt. Sie möchte mit einer einzigen Frage herausbekommen, welcher Weg der richtige ist. Welche Frage muss sie stellen?

Lösungsweg: Maikes Frage bezieht beide Eulen mit ein. Sie fragt eine der beiden: «Was würde die andere Eule sagen, wenn ich sie fragte, ob der rechte Weg direkt in die Stadt führt?»

Angenommen, der rechte Weg ist der richtige. Maikes Frage würde bei der wahrheitsliebenden Eule folgenden Gedankengang auslösen: Die lügnerische Nachbareule würde mit «nein» antworten, und daher müsste auch sie «nein» sagen. Für die lügnerische Eule stellt sich die Sache zunächst anders dar: Die andere Eule würde «ja» sagen und sie also «nein» antworten.

Wenn Maike fragen würde: Ist der linke Weg der richtige?», so würde beide Eulen mit «ja» antworten.

Lösung:

Wenn Maike die Antwort «nein» hört, bleibt sie bei dem gewählten Weg, bei der Antwort «ja» wechselt sie zum anderen Weg.

2. Blond oder braun?

Mir gegenüber sitzen ein Mädchen und ein Junge. Die Person mit den blonden Haaren sagt: «Ich bin ein Junge», die Person mit den braunen Haaren behauptet: «Ich bin ein Mädchen.» Mindestens eine der beiden Personen lügt. Welche Haarfarbe hat das Mädchen?

Lösungsweg. 1. Fall: Die blonde Person sagt die Wahrheit. Dann ist diese Person der Junge und die mit den braunen Haaren das Mädchen. Dieses würde dann auch die Wahrheit sagen, was aber ausgeschlossen ist.

2. Fall: Die blonde Person lügt. Dann ist sie nicht der Junge, also das Mädchen. Dann ist die Person mit den braunen Haaren der Junge, und er lügt auch, was bei dieser Aufgabe nicht ausgeschlossen ist.

Lösung:

Das Mädchen ist blond.

3. Lügenbach und Wahrhausen

Jeder Einwohner von Lügenbach lügt immer und in Wahrhausen sagt jeder stets die Wahrheit. Sie befinden sich in einem der Orte und wollen mit einer einzigen Frage herausfinden, in welchem Ort Sie sind.

Lösung:

Sie fragen einen x-beliebigen Einwohner des Ortes, in dem Sie sich gerade befinden: «Wohnen Sie hier?» Wenn Sie sich in Lügenbach befinden, wird die Antwort «Nein» sein. In Wahrhausen lautet die Antwort «Ja».

4. Lügner am runden Tisch

Eine Gruppe von Menschen hat an einem runden Tisch Platz genommen. Einige dieser Menschen sagen stets die Wahrheit, die anderen lügen immer. Jeder am Tisch behauptet, dass rechts und links von ihm ein Lügner sitzt.

Ist das möglich?

Lösungsweg. Es kann nicht sein, dass zwei Wahrheitssagende nebeneinandersitzen, denn dann könnte keiner von ihnen behaupten, von Lügnern umgeben zu sein. Es können auch keine drei Lügner nebeneinandersitzen; denn wenn der mittlere behaupten würde, er sei von Lügnern umgeben, würde er ja nicht lügen. Dagegen kann auf der einen Seite eines Lügners ein Lügner und auf der anderen ein Wahrheitssagender sitzen. Denn auch in diesem Fall ist die Aussage des Lügners «rechts und links von mir sitzen Lügner» eine Lüge.

Lösung:

Man verteilt die Lügner so, dass sie in Einer- oder Zweiergrüppchen sitzen, wobei jeweils ein Stuhl zwischen den Lügnergrüppchen frei bleibt. Auf diese Stühle setzt man die Wahrheitssager.

5. Wer lügt?

Drei Freunde, Mike, Nils und Thomas, stellen uns auf die Probe:

Mike sagt: «Nils lügt.»

Nils sagt: «Thomas lügt.»

Thomas kontert: «Mike und Nils lügen beide.»

Nur einer sagt immer die Wahrheit, die anderen lügen immer. Wer?

Lösungsweg: Angenommen, Mike sagt die Wahrheit. Dann lügt Nils und daher sagt Thomas die Wahrheit. Daher würden zwei die Wahrheit sagen: Widerspruch!

Angenommen, Thomas sagt die Wahrheit. Dann müssten Mike und Nils lügen. Dann wäre aber Mikes Aussage falsch, also würde auch Thomas die Wahrheit sagen: Widerspruch!

Schließlich nehmen wir an, dass Nils die Wahrheit sagt. Dann lügt Thomas. Das heißt, seine Aussage «Mike und Nils lügen» ist falsch; daher gilt: Mike oder Nils sagen die Wahrheit. Das ist richtig, da zwar Mike lügt, aber Nils die Wahrheit sagt.

Lösung:

Nils sagt die Wahrheit.

6. Drei potentielle Lügnerinnen

Ein Mann sitzt drei Frauen gegenüber. Er weiß: Eine der drei sagt immer die Wahrheit, eine lügt immer und eine ist wankelmütig und sagt mal die Wahrheit und mal lügt sie. Er muss herausbekommen, wer wer ist. Können Sie ihm helfen?

Lösungsweg: Man kann die Frauen bezüglich ihrer Wahrheitsliebe so beschreiben: Eine sagt zu 100% die Wahrheit, eine zu 0% und die dritte zu einem gewissen Prozentsatz, der weder 100 noch 0 ist.

Im ersten Schritt identifizieren Sie eine Frau, von der Sie auch nicht alles wissen, von der Sie aber wissen, dass sie jedenfalls nicht die Wankelmütige ist.

Dazu fragen Sie irgendeine der drei Frauen, zum Beispiel die mittlere: «Welche der anderen, die rechte oder die linke, sagt häufiger die Wahrheit?»

Wenn die mittlere Frau die Wahrheit sagt, wird sie auf die Wankelmütige deuten. Wenn die mittlere die Lügnerin ist, wird sie ebenfalls auf die Wankelmütige deuten. Und wenn die mittlere die Wankelmütige ist, wird sie auf irgendeine der beiden anderen deuten. Sie wählen nun die Frau, auf die die mittlere nicht gedeutet hat. Das ist bestimmt nicht die Wankelmütige (denn in den ersten beiden Fällen wurde auf die Wankelmütige gedeutet, im dritten haben Sie die Wankelmütige gefragt).

Angenommen, das ist die von Ihnen aus gesehen linke Frau. Nun müssen Sie nur noch rausbekommen, ob sie die Lügnerin ist oder immer bei der Wahrheit bleibt. «Stellen Sie sich die Frau vor, die das genaue Gegenteil von Ihnen ist, also die Lügnerin, falls Sie die Wahrheit sagen, beziehungsweise die Wahrheitssagende, falls Sie die Lügnerin sind. Wenn Sie diese Frau fragen, ob Sie die Wahrheit sagen, was würde sie antworten?»

Wenn die Frau auf der linken Seite die Wahrheit sagt, würde die Lügnerin «nein» sagen und die Frau auf der linken Seite also auch «nein» antworten. Wenn diese aber die Lügnerin ist, wäre die Antwort der Wahrheitsliebenden «nein», und die Lügnerin würde Ihnen mit «ja» antworten.

So bekommen Sie heraus, ob die Frau auf der linken Seite die Wahrheit sagt oder lügt. Durch eine einfache Frage an sie können Sie dann erschließen, ob die Wankelmütige in der Mitte oder rechts sitzt.

7. Die drei Göttinnen

Drei Göttinnen sitzen in all ihrer Würde in einem Tempel. Eine ist die Göttin der Wahrheit, sie spricht stets die reine Wahrheit. Eine zweite ist die Göttin der Lüge; alles, was sie sagt, ist falsch. Schließlich ist die dritte die Göttin der Weisheit; dieser euphemistische Name soll zum Ausdruck bringen, dass sie den Wahrheitsgehalt ihrer Aussage den Gegebenheiten anpasst. Prosaisch ausgedrückt: Sie sagt die Wahrheit oder sie lügt, ganz wie ihr zumute ist.

Viel sprechen tun die Göttinnen alle nicht. Von jeder hört man nur einen Satz.

Die Göttin auf der linken Seite spricht: «In der Mitte sitzt die Göttin der Wahrheit.»

Die Göttin in der Mitte widerspricht: «Ich bin die Göttin der Weisheit.»

Die Göttin auf der rechten Seite sagt noch etwas anderes: «In der Mitte sitzt die Göttin der Lüge.»

Wer sitzt wo?

Lösungsweg: Die linke Göttin kann nicht die Göttin der Wahrheit sein. Denn sonst würde sie die Wahrheit sagen und die Göttin der Wahrheit müsste in der Mitte sitzen.

Auch die Göttin in der Mitte kann nicht die Göttin der Wahrheit sein, denn sonst dürfte sie nicht sagen: «Ich bin die Göttin der Weisheit.»

Also sitzt die Göttin der Wahrheit rechts. Sie behauptet also zu Recht, dass die Göttin der Lüge in der Mitte sitzt.

Lösung:

Die linke Göttin ist die der Weisheit.

8. Wo ist die Schokolade?

Papa bringt seiner Tochter Anna von einer Dienstreise Schokoriegel mit. Aber sie muss sich die Leckerei verdienen. Papa baut drei Kartons vor Anna auf. Auf dem ersten steht: «Hier ist die Schokolade nicht», auf dem zweiten steht: «Hier ist die Schokolade», und auf dem dritten liest Anna: «Die Schokolade ist nicht im ersten Karton». Dazu sagt Papa: «Mindestens ein Satz stimmt, und mindestens einer ist gelogen.» Wo ist die Schokolade?

Lösungsweg: Wenn die Schokolade im ersten Karton wäre, wären alle Sätze falsch, was ausgeschlossen ist. Wenn die Schokolade im zweiten Karton wäre, wären alle Sätze richtig, was ebenfalls ausgeschlossen ist. Dann sind die Sätze 1 und 3 richtig, während der Satz 2 falsch ist.

Lösung:

Die Schokolade ist im dritten Karton.

9. Jede Menge Schokoküsse

Von der nächsten Reise bringt Papa seiner Tochter Anna schwarze und weiße Schokoküsse mit. Er stellt drei Kartons vor ihr auf und erklärt: «In einem Karton sind nur schwarze Schokoküsse, in einem anderen schwarze und weiße, und zwar von jeder Sorte mindestens einer, und im dritten nur weiße.» Auf den Kartons sind auch Schilder angebracht: «nur schwarz», «schwarz und weiß» und «nur weiß».

Anna weiß, dass es nicht so einfach sein kann, wie es aussieht, und tatsächlich sagt Papa: «Keines der Schilder stimmt», und erklärt: «Du darfst aus einem der Kartons einen Schokokuss herausnehmen (aber ohne in den Karton zu schauen). Wenn du herausfindest, welche Schokoküsse in welchen Kartons sind, bekommst du sie alle!»

Wie kann Anna das Problem lösen?

Lösungsweg: Anna schaut sich den Karton an, auf dem «schwarz und weiß» steht. Da das falsch ist, sind entweder alle Schokoküsse in diesem Karton schwarz oder alle weiß. Was richtig ist, bekommt sie heraus, indem sie einen einzigen Schokokuss aus diesem Karton entnimmt.

Angenommen, dieser Schokokuss ist schwarz. Dann wird Anna als Erstes diese Leckerei verspeisen und sich dann dem Karton zuwenden, auf dem «nur weiß» steht. Da dieses Schild falsch ist, enthält dieser Karton entweder nur schwarze Schokoküsse (was nicht geht, weil dieser Karton schon identifiziert wurde) oder schwarze und weiße. Schließlich muss der Karton, auf dem «nur schwarz» steht, die weißen Schokoküsse enthalten.

10. Ein sehr merkwürdiges Buch

Ich habe zu Hause ein sehr merkwürdiges Buch. Es hat unglaubliche 1000 Seiten, aber auf jeder Seite steht nur ein Satz.

Auf Seite 1 steht: In diesem Buch ist genau ein Satz falsch.

Auf Seite 2 steht: In diesem Buch sind genau 2 Sätze falsch.

Auf Seite 3 steht: In diesem Buch sind genau 3 Sätze falsch.

Und so weiter. Das geht bis zur Seite 1000; dort steht: In diesem Buch sind genau 1000 Sätze falsch.

Auf welchen Seiten steht denn nun ein richtiger und auf welchen Seiten ein falscher Satz?

Lösungsweg: Da sich die Sätze gegenseitig widersprechen, kann höchstens ein Satz richtig sein. Also müssen mindestens 999 Sätze falsch sein.

Angenommen, alle 1000 Sätze wären falsch. Dann wäre insbesondere der 1000. Satz falsch. Das bedeutet dann, dass es nicht genau 1000 falsche Sätze gibt. Somit muss doch ein Satz richtig sein: Widerspruch.

Also ist genau ein Satz richtig. Das heißt, 999 Sätze sind falsch.

Lösung:

Auf Seite 999 steht die Wahrheit.

11.* Die geheime Münze

Zwei Freundinnen sitzen sich gegenüber und machen ein Experiment. Tina sagt zu Ellie: «Ich werde dir zwei Fragen stellen, aber vorher musst du für dich entscheiden, ob du auf beide Fragen wahrheitsgemäß antworten oder ob du beide Male lügen wirst. Ich will aber nicht wissen, wie du dich entschieden hast!»

Dann reicht Tina Ellie eine Münze; diese nimmt sie unter dem Tisch in eine Hand, so dass Tina nicht weiß, in welcher Hand die Münze ist. Tina fragt: «Hast du die Münze in der linken Hand?»

Nachdem Ellie geantwortet hat, hat sie die Möglichkeit, die Münze heimlich in die andere Hand zu legen – natürlich ohne dass Tina merkt, ob Ellie das gemacht hat oder nicht. Tina fragt nur: «Hast du die Münze in die andere Hand genommen?»

Aus den beiden Antworten kann Tina schließen, in welcher Hand Ellie die Münze jetzt hält. Sie bekommt aber nicht heraus, ob Ellie die Wahrheit gesagt oder gelogen hat.

Lösungsweg: 1. Fall: Tina hört zweimal «ja». Falls Ellie die Wahrheit sagt, war die Münze links und wurde in die andere Hand gelegt, ist jetzt also rechts. Wenn Ellie eine Lügnerin ist, ist die Münze rechts gewesen und nicht getauscht worden, ist also jetzt immer noch rechts.

2. Fall: Tina hört zweimal «nein». Falls Ellie die Wahrheit gesagt hat, ist die Münze rechts gewesen und nicht gewechselt worden, ist also immer noch rechts. Falls Ellie zweimal gelogen hat, ist die Münze nicht rechts gewesen und in die andere Hand gelegt worden. Also wäre sie jetzt rechts.

Lösung:

Wenn Tina zweimal die gleiche Antwort hört, ist die Münze in der rechten Hand. Genauso kann man sich überlegen, dass bei zwei verschiedenen Antworten («ja – nein» oder «nein – ja») die Münze in Ellies linker Hand liegt.

Im Gleichgewicht

Der Klassiker: Die schwere Goldmünze

Vor Ihnen liegen neun Goldmünzen, die völlig identisch aussehen, von denen aber eine etwas schwerer ist als die anderen. Diese schwere Münze können Sie nicht dadurch herausfinden, indem Sie die Münzen in Ihren Händen wiegen, wohl aber mit einer Balkenwaage. Das Problem ist: Sie dürfen nur zweimal wiegen!

Lösungsweg: Wie würden Sie das Problem mit wenigen Goldmünzen lösen? Über zwei Münzen reden wir nicht, aber beim Wiegen von drei Münzen kann man bereits den entscheidenden Trick erkennen: Man legt auf jede Waagschale eine Münze. Wenn sich eine Waagschale senkt, liegt in dieser die schwere Münze. Wenn die Waage aber im Gleichgewicht bleibt, hat man auch eine Erkenntnis: Die ungewogene dritte Münze muss die schwere sein.

Bei neun Münzen gehen Sie so vor: Sie legen auf jede Waagschale drei Münzen. Wenn die Waage sich auf der linken Seite nach unten senkt, muss die schwere Münze unter den drei «linken Münzen» sein. Wenn die Waage im Gleichgewicht ist, befindet sich die schwere Münze unter den drei nicht gewogenen Münzen.

In jedem Fall kommen nur noch drei Münzen in Frage. Unter diesen können Sie, wie oben beschrieben, durch einmaliges Wiegen die schwere Münze herausfinden.

Zusatzfrage: Wie oft müssen Sie wiegen, um aus 27 oder 81 (oder allgemein 3^n) Goldmünzen die schwere herauszufinden?

Lösungsweg: 27 Goldmünzen teilt man in drei Drittel zu je 9 Münzen auf und legt die beiden ersten Drittel auf die Waage. Wenn sich die Waage auf eine Seite senkt, ist die schwere Münze auf dieser Seite; wenn die Waage im Gleichgewicht bleibt, ist die Münze im ungewogenen dritten Drittel. Im Allgemeinen braucht man für 3^n Goldmünzen nur n Wägungen. Vor der ersten Wägung teilt man die 3^n Goldmünzen in drei Haufen zu je 3^{n-1} Münzen ein und legt einen auf die linke, einen zweiten auf die rechte Waagschale. So reduziert man das Problem auf 3^{n-1} Münzen.

1. Die schwere Goldmünze unter beliebig vielen anderen

Wir schließen an die klassische Aufgabe an. Wieder liegen vor uns Goldmünzen, die alle gleich schwer sind – bis auf eine, die schwerer ist. Mit einer Balkenwaage sollen wir mit möglichst wenigen Wägungen herausfinden, welches die schwere Goldmünze ist. Allerdings betrachten wir jetzt nicht Anzahlen wie 3, 9 oder 27, die maßgeschneidert für das Problem sind, sondern einfach irgendwelche Zahlen.

(a) Wie viele Wägungen braucht man mindestens, um unter 8, 10, 13, 20 Goldmünzen die schwere zu finden?
(b) Reichen immer 2 Wägungen, wenn die Anzahl der Goldmünzen höchstens 9 ist?
(c) Reichen immer 3 Wägungen, wenn die Anzahl der Goldmünzen höchstens 27 ist?

Lösungsweg (a): Betrachten wir den Fall von 13 Münzen: Wir legen zunächst jeweils 5 Münzen auf die Waagschalen. Wenn die Waage im Gleichgewicht ist, müssen wir nur unter den verbleibenden 3 Münzen die schwere finden (1 Wägung). Wenn die Waage ein Ungleichgewicht anzeigt, müssen wir aus 5 Münzen die schwere finden; das schaffen wir mit 2 Wägungen.

Lösung (a):

Wir brauchen insgesamt nur 3 Wägungen.

(Das ist nicht die einzige Möglichkeit; man kann zunächst auch 4 Münzen auf jede Waagschale legen o. Ä.)

Lösung (b):

Ja

Lösungsweg (c): Man kann jede Anzahl von Münzen zwischen 10 und 27 in drei Teile aufteilen, die jeweils nicht mehr als 9 Münzen enthalten, und von denen zwei Teile die gleiche Anzahl von Münzen enthalten. Zum Beispiel kann man 23 Münzen in drei Teile von 7, 7 und 9 Münzen aufteilen.

Nun legt man die beiden Sets von gleich vielen Münzen auf die Waage, in unserem Fall also jeweils 7 Münzen. Wenn sich die Waage auf eine Seite senkt, muss die schwere Münze unter diesen Münzen sein. Wenn die Waage im Gleichgewicht ist, muss die schwere Münze bei den ungewogenen Münzen liegen. In jedem Fall hat man das Problem auf eine Menge von höchstens 9 Münzen reduziert. Aus diesen kann man die schwere Münze mit 2 Wägungen bestimmen.

Lösung (c):

Ja, man braucht höchstens 3 Wägungen.

2. Nur einmal wiegen!

Unglaublich, aber wahr: Sie haben zehn Beutel voller Goldmünzen. Jede wiegt genau 100 Gramm, nur in einem Beutel sind gefälschte Münzen; diese sind jeweils nur 99 Gramm schwer.

Sie haben eine supergenaue Digitalwaage, die das Gewicht aufs Gramm genau anzeigt – aber Sie dürfen nur ein einziges Mal wiegen! Wie finden Sie heraus, in welchem Beutel die falschen Münzen sind?

Lösungsweg: Irgendwie muss man aus dem Gesamtgewicht der entnommenen Münzen auf den Beutel mit den gefälschten Münzen schließen können. Das geht nur, wenn die Anzahlen der Münzen, die aus den zehn Beuteln entnommen werden, alle verschieden sind.

Nun konkret: Sie nehmen aus dem ersten Beutel eine Münze, aus dem zweiten zwei, aus dem dritten drei usw. Das sind insgesamt $1+2+3+\ldots+10=55$ Münzen. Diese wiegen Sie. Wenn alle echt wären, müssten diese genau 5500 Gramm wiegen. Angenommen, die Waage zeigt genau 5496 Gramm an. Dann «fehlen» sozusagen vier Gramm, diese rühren von vier falschen Münzen her.

Lösung:

Die Differenz von 5500 und dem tatsächlichen Gewicht ist die Nummer des Beutels mit den falschen Münzen.

3. So wenige Gewichtssteine wie möglich

Sie haben eine Balkenwaage zur Verfügung und möchten damit viele Objekte aufs Gramm genau abwiegen. Dazu können Sie Gewichtssteine Ihrer Wahl verwenden. Beim Wiegen haben Sie zwei Möglichkeiten:

(a) Das Objekt kommt auf die linke Waagschale, die Gewichtssteine auf die rechte. Wie viele Gewichtssteine brauchen Sie mindestens, um alle Objekte von 1 Gramm bis 120 Gramm abwiegen zu können?

(b) Nun ist es erlaubt, Gewichtssteine auch auf die linke Seite zu legen. Wie viele Gewichtssteine brauchen Sie in diesem Fall, um alle Gewichte von 1 Gramm bis 120 Gramm abwiegen zu können?

Lösungen:

(a) Sieben Stück, und diese wiegen 1, 2, 4, 8, 16, 32, 64 Gramm. Damit kann man sogar bis 127 Gramm kommen. Zum Beispiel kann man 53 Gramm so abwiegen: $53 = 32 + 16 + 4 + 1$.
Die Zahlen 1, 2, 4, 8, 16, 32, 64 sind Potenzen der Zahl 2: $1 = 2^0$, $2 = 2^1$, $4 = 2^2$, $8 = 2^3$, $16 = 2^4$, $32 = 2^5$, $64 = 2^6$. Allgemein kann man jede natürliche Zahl eindeutig als Summe von Potenzen der Zahl 2 darstellen.
(b) Fünf Stück: 1, 3, 9, 27, 81 Gramm. Zum Beispiel kann man 53 Gramm so wiegen: 81 Gramm auf die rechte Seite, 27 und 1 Gramm auf die linke. Kurz: $53 + 27 + 1 = 81$. Das kann man auch so schreiben: $53 = 81 - 27 - 1$.
Die Gewichte der Gewichtssteine sind Potenzen der Zahl 3: $1 = 3^0$, $3 = 3^1$, $9 = 3^2$, $27 = 3^3$, $81 = 3^4$. Man kann jede natürliche Zahl eindeutig durch Potenzen der Zahl 3 ausdrücken, indem man diese auf geeignete Weise addiert und subtrahiert.

4. Ungerade Gewichte

Ihnen steht ein Satz von sechs Gewichtssteinen mit den Gewichten 1, 3, 5, 7, 9, 11 Gramm zur Verfügung.

(a) Was ist das Gesamtgewicht der Gewichtssteine?

(b) Sie dürfen jede Auswahl der Gewichtssteine auf eine Waagschale stellen und damit Objekte abwiegen. Natürlich können Sie nicht 2 Gramm abwiegen. Können Sie jedes andere Gewicht bis zum Gesamtgewicht der Gewichtssteine abwiegen?
(c) Können Sie die Gewichtssteine in zwei Mengen aufteilen, die jeweils das gleiche Gewicht haben?
(d) Kann man die Gewichtssteine in zwei Teilmengen mit je drei Gewichtssteinen aufteilen, die jeweils das gleiche Gewicht haben?

Lösungen:

(a) 36 Gramm; (b) Ja; (c) 1 + 3 + 5 + 9 = 7 + 11; (d) Nein, denn auf jeder Seite müssten insgesamt 18 Gramm liegen. Die Zahl 18 lässt sich aber nicht als Summe von drei ungeraden Zahlen darstellen.

5. Die defekte Waage

Auf dem Wochenmarkt verkauft Frau Schulte Gemüse. Zum Abwiegen der Waren benutzt sie eine Balkenwaage, doch leider ist diese defekt. Die rechte Hälfte ist etwas länger als die linke. Frau Schulte hat aber eine Idee: Um ein Kilogramm Tomaten abzuwiegen, geht sie so vor: Sie legt einen 500-Gramm-Gewichtsstein auf die rechte Waagschale und so viele Tomaten auf die linke Waagschale, bis die Waage im Gleichgewicht ist. Dann legt sie den Gewichtsstein auf die linke Waagschale und die Tomaten auf die rechte Seite, bis die Waagschale im Gleichgewicht ist. Einmal wiegt sie ein bisschen zu wenig ab, einmal ein bisschen zu viel. Das müsste sich doch ausgleichen!?

Lösungsweg: Stellen wir uns vor, dass der rechte Waagbalken doppelt so lang ist wie der linke. Dann müssen die 500 Gramm auf der rechten Seite bereits durch ein Kilogramm Tomaten auf der linken Seite aufgewogen werden. Umgekehrt werden 500 Gramm auf der linken Seite durch 250 Gramm auf der rechten im Gleichgewicht gehalten. Beim Wiegen mit vertauschten Rollen würde der Kunde somit 1250 Gramm Tomaten erhalten. Mithin erleidet er keinen Schaden.

Lösung:

Nein, die Tomaten wiegen in jedem Fall mehr als 1000 Gramm.

6. Das Erbe des Winzers

Ein Winzer vererbt seinen drei Kindern 21 Weinfässer. Von diesen sind sieben voll, sieben halb voll und sieben leer. Das Erbe muss so aufgeteilt werden, dass alle Kinder gleich viel Wein und gleich viele Fässer erhalten. Dabei ist Umfüllen streng verboten.

Lösung:

Zwei Kinder erhalten jeweils drei volle, ein halb volles und drei leere Fässer, während das dritte Kind ein volles, fünf halb volle und ein leeres Fass bekommt.

7. Ungleichgewicht

Vor Ihnen stehen fünf Kisten, die zwischen 1 Kilogramm und 16 Kilogramm wiegen, und zwar in vollen Kilogramm. Das heißt zum Beispiel, dass keine Kiste 2,5 Kilogramm wiegt. Wie schwer müssen die einzelnen Kisten sein, dass eine Balkenwaage nie ins

Gleichgewicht kommt, egal wie viele Kisten rechts und wie viele links platziert sind.

Nehmen Sie an, dass die erste Kiste 1 Kilogramm und die schwerste nicht mehr als 16 Kilogramm wiegt. Finden Sie eine Lösung?

Hinweis: Sie könnte anfangen mit 1, 2 und 4 Kilogramm, aber auch mit 1, 6 und 10 Kilogramm. (Die Aufgabe fragt nicht danach, ob jedes Gewicht realisiert werden kann, sondern fordert nur, dass die Waage nie im Gleichgewicht ist!)

Lösung:

Es gibt eine ganze Reihe von Lösungen. Zum Beispiel 1, 2, 4, 8, 16 Kilogramm, aber auch 1, 2, 8, 12, 16 Kilogramm. Die Lösung mit dem geringsten Maximalgewicht ist 1, 6, 10, 12, 14 Kilogramm.

8. Milchkaffee und Kaffeemilch

Vor Ihnen steht eine Tasse mit schwarzem Kaffee und eine gleich große Tasse mit Milch. Beide Tassen enthalten die gleiche Menge an Flüssigkeit.

Nun geben Sie genau drei Löffel Milch in den Kaffee. Sie rühren um und bringen wieder genau drei Löffel Getränk aus der Kaffeetasse in die Milchtasse. Beide Tassen sind dann wieder gleich voll.

Frage: Ist jetzt mehr Milch im Kaffee oder mehr Kaffee in der Milch – oder?

Lösungsweg: Wir stellen uns vor, dass in jeder Tasse 150 Milliliter Flüssigkeit sind. Angenommen, in der Kaffeetasse sind nach beiden Umfüllvorgängen 10 Milliliter Milch. Dann sind in der Milchtasse nur noch 150 – 10 Milliliter Milch, also 10 Milliliter Kaffee.

Es kommt nicht auf die drei Löffel an, sondern nur darauf, dass nach den Umfüllvorgängen in beiden Tassen gleich viel Flüssigkeit ist.

Lösung:

Der Anteil der Milch im Kaffee ist gleich dem Anteil des Kaffees in der Milch.

9. Ein Spiel mit gerade und ungerade

Vor zwei Spielern stehen zwei Gefäße, in denen sich Spielsteine befinden, sagen wir im einen 23, im anderen 34. Beide Spieler machen abwechselnd einen Zug. Dabei besteht ein Zug darin, (a) eines der Gefäße auszuleeren (und die Steine zur Seite zu legen) und (b) die Steine im zweiten Gefäß irgendwie auf die beiden Gefäße zu verteilen, allerdings so, dass in jedem Gefäß mindestens ein Stein liegt.

Wer keinen Zug mehr ausführen kann, hat verloren.

Finden Sie eine Gewinnstrategie für den ersten Spieler?

Lösungsweg: Der erste Spieler leert das Gefäß mit der ungeraden Anzahl von Spielsteinen (also das Gefäß mit 23 Steinen) und teilt die gerade Anzahl von Steinen aus dem zweiten Gefäß in zwei ungeradzahlige Teile auf (zum Beispiel in 21 und 13).

Sein Gegenspieler leert eines der Gefäße und teilt die Steine aus dem anderen auf. Da es sich um eine ungerade Anzahl handelt, besteht jede mögliche Aufteilung aus einer geraden und einer ungeraden Anzahl von Steinen. Daher findet der erste Spieler auf jeden Fall wieder ein Gefäß mit einer ungeraden und eines mit einer geraden Anzahl von Steinen vor und kann wieder erreichen, dass sein Gegenspieler Gefäße mit jeweils einer ungeraden Anzahl von Steinen erhält.

Das geht so lange gut, bis der zweite Spieler irgendwann zwei Gefäße mit nur jeweils einem Stein vorfindet und damit verloren hat.

10. Fröhlicher Silvesterabend

Am Silvesterabend stehen vor Ihnen sechs Sektgläser, von denen drei voll und drei leer sind. Sie nehmen zwei beliebige Sektgläser und verfahren wie folgt: Wenn ein Glas voll ist, trinken Sie es aus; wenn ein Glas leer ist, füllen Sie es. Danach machen Sie nochmals das Gleiche: Sie nehmen zwei Gläser und … Diesen Prozess dürfen Sie wiederholen, so oft sie wollen (und können). Kann es passieren, dass irgendwann alle Gläser leer sind?

Lösungweg: Die Anzahl der vollen (und die der leeren) Gläser ist immer eine ungerade Zahl, also nie null: Wenn Sie ein volles und ein leeres Glas nehmen, bleibt die Anzahl der vollen und leeren Gläser gleich, denn ein volles wird leer und ein leeres wird gefüllt. Wenn Sie zwei volle Gläser nehmen, reduziert sich die Anzahl der vollen Gläser um 2 (bleibt also ungerade), die der leeren erhöht sich um 2 und bleibt daher auch ungerade.

Lösung:

Es kann nicht passieren, dass alle Gläser leer sind. Denn die Anzahl der vollen (und auch die der leeren) Gläser ist stets mindestens 1.

11.* Das Geheimnis der zwölften Münze

Vor Ihnen liegen zwölf Münzen, die alle gleich aussehen und auch alle gleich schwer sind – bis auf eine, die ein anderes Gewicht hat. Sie wissen aber nicht, ob sie schwerer oder leichter als die anderen ist. Mit nur drei Wägungen einer Balkenwaage sollen Sie die falsche Münze identifizieren.

Lösungsweg: Es ist unglaublich, um wie viel schwieriger die Aufgabe wird, wenn man nicht weiß, ob die falsche Münze schwerer oder leichter als die anderen ist. Hier geht es darum, clever zu wiegen und jede Information zu nutzen. Zur Vorbereitung nummerieren wir die Münzen von 1 bis 12 durch.

Beim ersten Wiegen vergleichen wir zwei mal vier Münzen. Auf die linke Waagschale legen wir die Münzen 1, 2, 3, 4 und auf die rechte die Münzen 5, 6, 7, 8.

1. Fall: Es herrscht Gleichgewicht.
Dann ist die falsche Münze einer der Münzen 9, 10, 11, 12 (und alle anderen Münzen sind garantiert richtig).

Wir wiegen 1, 2, 3 gegen 9, 10, 11. Wenn Gleichgewicht herrscht, muss die Münze Nr. 12 die falsche sein, und mit einer letzten Wägung bekommt man heraus, ob sie schwerer oder leichter als die anderen ist.

Wenn kein Gleichgewicht herrscht, ist die falsche Münze eine der Münzen 9, 10, 11, und wir wissen auch, ob sie schwerer oder leichter ist. Wir nehmen an, sie ist schwerer als die anderen. Nun vergleichen wir die Münzen 9 und 10. Wenn die Waage im Ungleichgewicht ist, ist die schwerere Münze die falsche. Sonst ist es die Münze Nr. 11.

2. Fall: Es herrscht Ungleichgewicht.
Wir können annehmen, dass 1, 2, 3, 4 schwerer als 5, 6, 7, 8 ist.

Dann muss die falsche Münze eine der Münzen 1, 2, 3, …, 8 sein; die Münzen 9, 10, 11, 12 sind dagegen korrekt. Wir wissen noch mehr: Wenn eine der Münzen 1, 2, 3, 4 falsch ist, dann muss sie schwerer sein; wenn die falsche Münze eine der Münzen 5, 6, 7, 8 ist, dann muss sie leichter als die anderen sein.

Nun wiegen wir zum zweiten Mal und vergleichen dabei potentiell schwere Münzen (das sind die Münzen 1, 2, 3, 4) mit potentiell leichten (5, 6, 7, 8), und zwar «über Kreuz». Genauer gesagt vergleichen wir die Münzen 1, 5, 6 mit den Münzen 2, 7, 8.

Wenn die Waage im Gleichgewicht ist, dann sind neben den Münzen 9, 10, 11, 12 auch die Münzen 1, 5, 6, 2, 7, 8 echt. Also können nur die Münzen 3 oder 4 falsch sein. Da wir wissen, dass 3 oder 4 leichter als die anderen Münzen sein muss, reicht es, eine der beiden Münzen mit einer garantiert richtigen, etwa mit der Münze 3, zu vergleichen.

Nun nehmen wir an, dass 1, 5, 6 schwerer als 2, 7, 8 ist. Dann ist die falsche Münze unter den jetzt gewogenen. Also sind die Münzen 3 und 4 korrekt. Aber diese Wägung zeigt auch, dass die Münzen 5, 6 und 2 richtig sein müssen. (Denn angenommen, 5 wäre die falsche Münze, dann sagt die erste Wägung, dass 5 leichter ist; die zweite Wägung impliziert aber, dass 5 schwerer als die anderen Münzen ist, ein Widerspruch.)

Also bleiben als Kandidaten für die falsche Münze nur die drei Münzen 1, 7, 8 übrig, wobei 1 potentiell schwerer ist und 7, 8 potentiell leichter sind.

Ähnliches gilt, wenn die Waage zeigt, dass 1, 5, 6 leichter als 2, 7, 8 sind. Dann müssen, neben 3 und 4, auch die Münzen 1, 7, 8 echt sein, denn sonst hätte die Waage beim ersten Mal anders ausgeschlagen. Daher können nur die Münzen 2, 5, 6 falsch sein; die Münze 2 wäre potentiell zu schwer, die Münzen 5, 6 zu leicht.

In jedem Fall haben wir das Problem auf den Fall von drei Münzen reduziert, von denen eine potentiell zu schwer, die beiden anderen potentiell zu leicht sind.

Wir wiegen nun zum dritten Mal, und zwar die beiden potentiell zu leichten Münzen gegeneinander. Wenn die Waage ein Ungleichgewicht anzeigt, ist die leichte Münze die falsche. Wenn die Waage im Gleichgewicht ist, ist die ungewogene schwere Münze die falsche.

In Bewegung

Der Klassiker

Lisa fährt auf der Autobahn 80 Kilometer und braucht dafür genau eine Stunde. Auf der Rückfahrt ist die Straße frei, und sie kann Gas geben. Wie schnell muss Lisa auf der Rückfahrt fahren, um insgesamt eine Durchschnittsgeschwindigkeit von 120 km/h zu erreichen?

Lösungsweg: Wenn Lisa insgesamt 120 km/h erreichen möchte, darf sie für die 160 Kilometer nur eine Stunde und 20 Minuten brauchen. Die erste Stunde hat Lisa schon auf der Hinfahrt verbraucht. Also bleiben ihr für die 80 km Rückfahrt nur 20 Minuten. Sie müsste also 240 km/h fahren.

Hinweis: Oft wird die Frage auch so gestellt: Wie schnell müsste Lisa fahren, um eine Durchschnittsgeschwindigkeit von 160 km/h zu erreichen?

Dann hätte sie für die 160 Kilometer insgesamt nur eine Stunde zur Verfügung. Diese ist aber schon während der Hinfahrt abgelaufen. Also müsste Lisa unendlich schnell fahren, um 160 km/h zu erreichen.

1. Die schnelle Tochter

Eine Familie macht einen Ausflug. Nach 2,7 Kilometern merken sie, dass sie die Sonnenschutzcreme vergessen haben. Sie rufen zu Hause an und bitten die daheim gebliebene Tochter, ihnen die Creme zu bringen. Diese ist einverstanden: «Kein Problem», meint sie, denn sie weiß, dass die Familie bei einem «Ausflug» immer trödelt. Sie verspricht: «Ich schwing mich schnell aufs Fahrrad. Ihr könnt gerne weitergehen. Ich hole euch bestimmt ein, denn ich fahre genau 10-mal so schnell, wie ihr geht!»

Wo holt die Tochter den Rest der Familie ein?

Lösungsweg: Da die Tochter 10-mal so schnell fährt, wie die anderen gehen, fährt sie im letzten Zehntel ihrer Fahrt genau die Strecke, die die Familie in der gesamten Zeit nach dem Telefonat zurücklegt. In den ersten neun Zehnteln ihrer Fahrt fährt sie also die 2,7 Kilometer bis zum Haltepunkt der Familie. Daher ist ein Zehntel der Strecke, die sie zurücklegt, gleich 300 Meter.

Lösung:

Nach genau 3 Kilometern.

2. Wie breit ist der Fluss?

Zwei Schiffe überqueren einen Fluss. Das eine fährt von West nach Ost, das andere von Ost nach West. Beide starten gleichzeitig und fahren mit gleichmäßiger Geschwindigkeit, aber nicht mit der gleichen.

Auf der Hinfahrt begegnen sie sich 80 Meter vom Westufer entfernt. Beide Schiffe erreichen das jeweils andere Ufer und fahren sofort wieder zurück. Sie begegnen sich auf der Rückfahrt 40 Meter vom östlichen Ufer entfernt.

Wie breit ist der Fluss?

Lösungsweg: Die entscheidende Beobachtung ist, dass die beiden Schiffe bei ihrer ersten Begegnung zusammen eine Flussbreite gefahren sind, bei der zweiten Begegnung drei Flussbreiten.

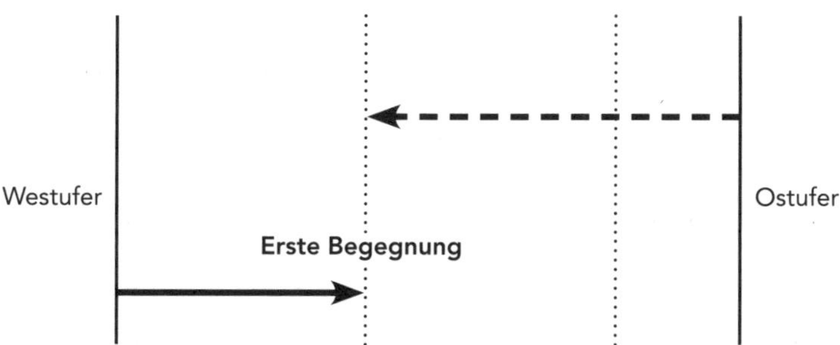

Wir schauen auf das Schiff, das am Westufer startet. Dieses hat bei der ersten Begegnung 80 Meter hinter sich, und beide Schiffe haben zu diesem Zeitpunkt zusammen eine Flussbreite geschafft. Bei der zweiten Begegnung haben die Schiffe gemeinsam drei Flussbreiten hinter sich, also ist das Schiff, das im Westen startet, bei der zweiten Begegnung 3-mal 80 Meter, also 240 Meter gefahren.

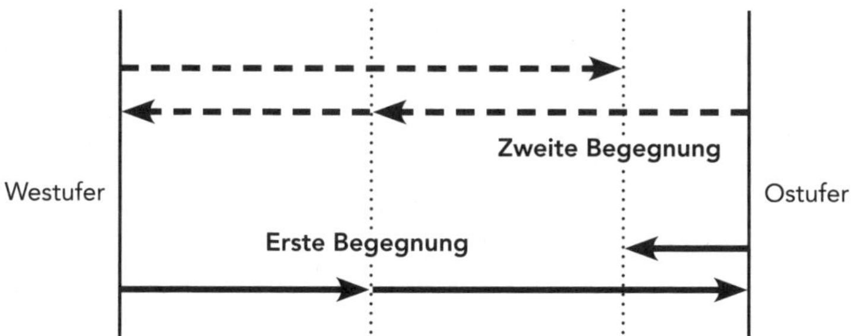

Andererseits hat dieses Schiff bei der zweiten Begegnung eine Flussdurchquerung plus 40 Meter geschafft.

Also ist 240 Meter gleich einer Flussdurchquerung plus 40 Meter.

Lösung:

Der Fluss ist 200 Meter breit.

3. Durchmesser eines Sees

Eine Schwimmerin durchquert einen kleinen kreisrunden See. Von einem Ufer aus schwimmt sie nach Norden und trifft nach 90 Metern auf das Ufer. Von dort schwimmt sie genau nach Westen, wo sie nach 120 Metern wieder ans Ufer trifft. Welchen Durchmesser hat der See?

Lösungsweg: Man kann die beiden Schwimmstrecken zu einem rechtwinkligen Dreieck ergänzen, dessen Hypotenuse (d. h. die lange Seite) ein Durchmesser des Sees ist. Mit Hilfe des Satzes des Pythagoras kann man die Länge des Durchmessers ausrechnen; diese ist die Wurzel aus der Zahl $90^2 + 120^2 = 8100 + 14\,400 = 22\,500$. Die Wurzel aus dieser Zahl ist 150.

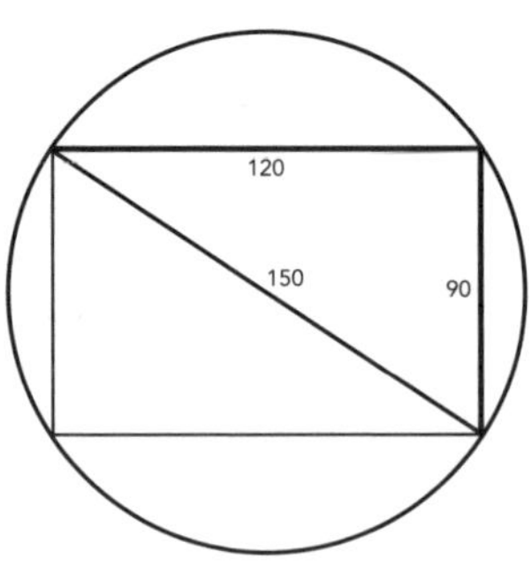

Lösung:

Der See ist 150 Meter breit.

Bemerkung: Die Tatsache, dass die Hypotenuse des Dreiecks der Durchmesser des Kreises ist, hängt mit dem Satz des Thales zusammen. Genauer gesagt wird die Umkehrung dieses Satzes angewandt: Wenn ein Dreieck, dessen Ecken auf einem Kreis liegen, einen rechten Winkel hat, dann geht die Hypotenuse durch den Mittelpunkt des Kreises, ist also ein Durchmesser.

4. Zugfolge

Zwei Mädchen fahren mit der Bahn von München nach Hause. Die eine sagt: «Interessant, dass wir genau alle 10 Minuten einem Gegenzug begegnen.» Die andere ist sich sicher: «Also kommen pro Stunde sechs Züge in München an.»
Hat sie recht? (Wir nehmen an, dass alle Züge gleich schnell fahren.)

Lösungsweg: Falls der Zug der Mädchen stehen würde, hätte sie recht. Aber der Zug, in dem die Mädchen sitzen, bewegt sich den Gegenzügen entgegen.

Zu dem Zeitpunkt, als der Zug der Mädchen in München startet, ist der erste Gegenzug noch 20 Minuten von München entfernt. Da sich die Züge gleich schnell aufeinander zubewegen, treffen sie sich nach 10 Minuten. Der nächste Gegenzug ist zu Beginn 40 Minuten von München entfernt. Die Begegnung findet nach 20 Minuten statt.

Lösung:

In jeder Stunde treffen drei Gegenzüge in München ein.

5. Münzen umlegen

Vor Ihnen liegen fünf Münzen in einer Reihe, und zwar außen und in der Mitte jeweils ein 1-Euro-Stück und dazwischen auf den Plätzen 2 und 4 jeweils ein 50-Cent-Stück.

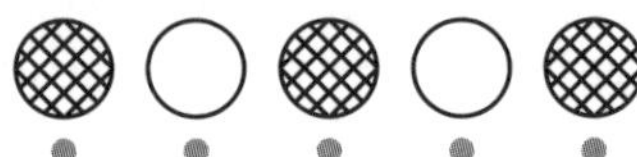

Diese Münzen sollen umgelegt werden, so dass drei 1-Euro-Münzen nebeneinanderliegen und ebenso die beiden 50-Cent-Münzen. Insgesamt soll wieder eine lückenlose Reihe entstehen. Dabei dürfen Sie in einem Zug jeweils zwei nebeneinanderliegende Münzen bewegen. Stellen Sie sich vor, dass Sie die beiden Münzen mit Zeige- und Mittelfinger anfassen und sie verschieben. Sie dürfen die Münzen irgendwo auf der Linie, die von den Münzen gebildet wird, hinschieben. Zum Beispiel müssen beim ersten Zug die beiden bewegten Münzen rechts oder links von den anderen Münzen landen. Diese müssen nicht unmittelbar an die anderen anschließen, eventuell ist es ratsam, für künftige Züge Platz zu lassen. Bei einem Zug darf die Reihenfolge der Münzen nicht vertauscht werden und zwischen den beiden bewegten Münzen darf auch kein Zwischenraum entstehen.

Alles klar?

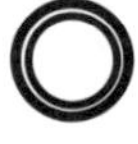

Lösungsweg: In vier Zügen kann man zum Ziel kommen:

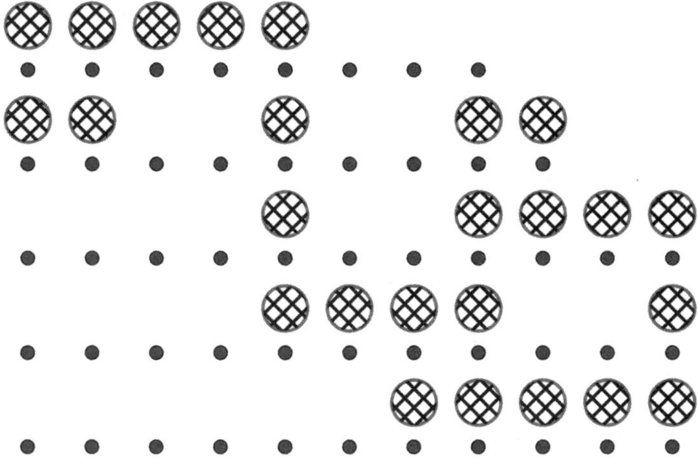

Es gibt eine Fülle an Aufgaben, in denen danach gefragt wird, wie schnell ein Becken über verschiedene Pumpen gefüllt oder entleert werden kann. Interessanterweise lassen sich diese Aufgaben verhältnismäßig einfach lösen, wenn man einen großen Zeitraum in den Blick nimmt, in dem das Becken mehrfach gefüllt oder entleert werden könnte, und sich fragt, wie oft das Becken in dieser Zeit durch die einzelnen Pumpen gefüllt bzw. entleert würde. Die folgende Aufgabe macht sofort klar, was gemeint ist.

6. Badewanne füllen

Um eine Badewanne zu füllen, braucht man 4 Minuten. Nach dem Ziehen des Stöpsels dauert es 6 Minuten, bis die volle Badewanne leer ist. Wie lange dauert es, bis die Wanne voll ist, wenn man – überhaupt nicht umweltbewusst – den Hahn aufdreht und gleichzeitig den Stöpsel zieht?

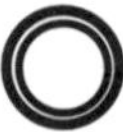

Lösungsweg: In 12 Minuten läuft die Wanne 3-mal voll und wird 2-mal geleert.

Lösung:

12 Minuten

7. Becken schnell füllen

Ein Becken soll gefüllt werden. Dazu stehen vier Brunnen mit unterschiedlichen Leistungen zur Verfügung. Der erste füllt das Becken in einem Tag, der zweite braucht zwei Tage, der dritte drei Tage und der vierte benötigt sechs Tage. Da es schnell gehen soll, werden alle Brunnen gleichzeitig eingesetzt. Wie lange dauert es, bis das Becken voll ist?

Lösungsweg: Wenn die vier Brunnen sechs Tage lang laufen würden, würden diese in dieser Zeit $6 + 3 + 2 + 1 = 12$ Becken füllen. Also würden sie in einem Tag zwei Becken füllen.

Lösung:

Einen halben Tag

Diese Aufgabe steht schon bei Heron von Alexandria (1. Jh. n. Chr.).

8. Zwei Pumpen

Ein großes Becken soll gefüllt werden. Dazu stehen zwei Pumpen zur Verfügung. Mit der ersten Pumpe allein dauert es 5 Stunden, beide Pumpen gemeinsam schaffen es in 4 Stunden. Wie lange braucht die zweite Pumpe allein?

Lösungsweg: In 20 Stunden füllt die erste Pumpe allein das Becken 4-mal. Beide Pumpen zusammen füllen das Becken in 20 Stunden 5-mal. Also …

Lösung:

20 Stunden

Zusatzfrage: Wie lange braucht die zweite Pumpe, wenn die erste 6 (bzw. 7 bzw. 8) Stunden braucht und das Becken durch beide Pumpen gemeinsam in 5 (bzw. 6 bzw. 7) Stunden vollläuft? Erkennen Sie ein Schema?

Lösung:

30 bzw. (42 bzw. 56) Stunden

9. Weinumschütten

Eines Abends sitzen drei Weinsüffler, Alois, Felix und Theo, in ihrer Stammkneipe und schauen in ihre Gläser. Diese sind alle unterschiedlich voll und Theos Glas ist sogar ganz leer. Da sie den ganzen Abend schon zusammen getrunken haben, kommen sie auf eine verrückte Idee: Alois schüttet den Inhalt seines Glases zu gleichen Teilen in die beiden anderen Gläser. Dann schüttet Felix den Wein aus seinem Glas in die anderen Gläser, und zwar in jedes die Hälfte. Schließlich schüttet Theo den Inhalt seines Glases zu gleichen Teilen in die beiden anderen.

Jetzt schauen sie wieder in ihre Gläser und stellen fest, dass nach dieser komplizierten Aktion jeder genau so viel Wein hat wie zu Beginn.

Wie viel Wein war in den Gläsern?

Wem das zu einfach ist, der kann die entsprechende Aufgabe mit vier Trinkgesellen lösen.

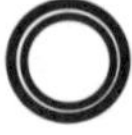

Lösungsweg: Es funktioniert immer, wenn Alois zu Beginn doppelt so viel Wein in seinem Glas hat wie Felix.

Lösung:

Zum Beispiel könnte das Glas von Alois halb voll, das von Felix nur zu einem Viertel gefüllt sein.

Bei der Zusatzfrage ist es ganz entsprechend: Die Füllmengen müssen sich verhalten wie 3/n, 2/n, 1/n und 0.

10. Die Treppe hoch

Bei mir zu Hause hat die Treppe zu meinem Arbeitszimmer genau 10 Stufen. Wenn ich hinaufgehe, nehme ich jeweils eine oder 2 Stufen auf einmal. Also vielleicht erst eine, dann 2, dann wieder 2, dann 3-mal eine und so weiter. Völlig ohne Plan. Wie viele Möglichkeiten habe ich, in mein Arbeitszimmer zu kommen?

Tipp: Probieren Sie es zunächst mit 3 oder 4 Stufen.

Lösungsweg: Wie komme ich auf die 4. Stufe? Entweder von der 3. Stufe mit einem einfachen Schritt oder von der 2. Stufe mit einem Zweierschritt. Also gibt es dafür $3 + 2 = 5$ Möglichkeiten. Wie komme ich auf die 5. Stufe? Entweder direkt von der 4. oder von der 3. mit einem Zweierschritt. Also gibt es dafür $5 + 3 = 8$ Möglichkeiten. Und so weiter.

Lösung:

68

Hinweis: Man kann eine Bezeichnung einführen: Mit f_n bezeichnen wir die Anzahl der Möglichkeiten, eine Treppe mit n Stufen zu besteigen. Zum Beispiel ist $f_4 = 5$, $f_5 = 8$, $f_{10} = 89$. Unsere Überlegungen zeigen, dass man auf die n-te Stufe kommt, indem man entweder von der vorigen Stufe (also von der Stufe n – 1) einen Einerschritt oder von der Stufe Nr. n – 2 aus einen Zweierschritt macht. In einer Formel heißt dies $f_n = f_{n-1} + f_{n-2}$ («die Anzahl der Möglichkeiten, auf die n-te Stufe zu kommen, ist gleich der Anzahl der Möglichkeiten, auf die (n–1)-te Stufe zu kommen, plus der Anzahl der Möglichkeiten, auf die (n–2)-te Stufe zu kommen»).

Diese Gleichung ist die definierende Eigenschaft der sogenannten Fibonacci-Zahlen (nach dem italienischen Mathematiker Fibonacci, der um 1200 lebte). Die Folge der Fibonacci-Zahlen beginnt so: 1, 2, 3, 5, 8, 13, 21, … Diese Zahlen kommen in sehr vielen natürlichen und mathematischen Zusammenhängen vor.

11.* Die Stufen der Rolltreppe

Eine Frage, die mich schon immer beschäftigt hat, ist die, wie viele Stufen eine Rolltreppe hat, genauer gesagt, wie viele Stufen einer Rolltreppe man sehen kann. Um das herauszubekommen, mache ich folgendes Experiment an einer Rolltreppe, die sich nach oben bewegt: Ich gehe die Rolltreppe schnell nach oben; dabei zähle ich 30 Stufen. Danach gehe ich – entgegen der Laufrichtung – genauso schnell nach unten und komme auf 60 Stufen.

Damit müsste ich doch eigentlich rausbekommen, wie viele Stufen die Rolltreppe hat. Bekommen Sie das auch heraus?

Lösungsweg: Wenn die Rolltreppe, was leider nur allzu oft vorkommt, stehen würde, müsste ich alle Stufen hinauf- und hinuntersteigen; in beiden Fällen müsste ich gleich viele Stufen nehmen.

Wenn die Rolltreppe fährt, habe ich es beim Hochgehen einfacher: Ich brauche gar nicht alle Stufen selbst zu besteigen, sondern die Rolltreppe unterstützt mich. Wir stellen uns vor: Wenn ich eine Stufe nehme, fährt die Rolltreppe s Stufen weiter. Achtung: s ist eine kleine Zahl, so etwas wie 1/2 oder 1/3 oder 1/4, denn wenn die Rolltreppe schneller fahren würde, als ich gehe, würde ich entgegen der Laufrichtung nie nach unten kommen.

Beim Hochgehen mache ich 30 Schritte; bei jedem Schritt fährt die Rolltreppe s Stufen nach oben, bei 30 Schritten also 30s Stufen. Diese Zahl ist die Unterstützung der Rolltreppe für mich. Das bedeutet: Die Gesamtzahl der Stufen ist $30 + 30s$ (meine Schritte plus die Anzahl der Stufen, die die Rolltreppe zurückgelegt hat).

Beim Heruntergehen arbeitet die Rolltreppe gegen mich. Bei jedem meiner Schritte kommt sie mir s Stufen entgegen, bei 60 Schritten also genau 60s Stufen. Damit ist die Gesamtzahl der Stufen $60 - 60s$ (meine Schritte minus die Stufen, mit denen mir die Rolltreppe entgegenarbeitet).

Nun haben wir zwei Ausdrücke für die gleiche Größe, nämlich die Gesamtzahl der Stufen, die man sehen und zählen könnte, wenn die Rolltreppe steht. Wir setzen die Ausdrücke gleich:

$30 + 30s = 60 - 60s$,

ordnen sie ein bisschen:

$90s = 30$

und lösen nach s auf: $s = 1/3$. Das bedeutet, wenn ich drei Schritte mache, fährt die Rolltreppe genau eine Stufe weiter.

Nun können wir den Wert $s = 1/3$ in einen der Ausdrücke für die Anzahl der Stufen einsetzen: $30 + 30s = 30 + 30 \cdot 1/3 = 30 + 10 = 40$.

Lösung:

Die Rolltreppe hat genau 40 Stufen.

Alternativ: Wenn man vermutet, dass die Rolltreppe genau 40 Stufen hat, kann man sich leicht von der Richtigkeit dieser Vermutung überzeugen: Beim Hochgehen läuft die Rolltreppe neben den 30 Stufen, die ich beschreite, noch 10 Stufen. Das heißt: Wenn ich 3 Stufen gehe, läuft die Rolltreppe um eine Stufe weiter.

Beim Heruntergehen kommen mir auf den 60 Stufen, die ich mache, 60/3 Stufen entgegen.

Menschen, Tiere, Kombinationen

Der Klassiker

Die vermutlich älteste Knobelaufgabe der Welt steht im ägyptischen «Papyrus Rhind», der etwa aus dem Jahr 1650 v. Chr. stammt. Dort lesen wir: *Es gibt sieben Häuser, in jedem Haus wohnen sieben Katzen. Jede Katze fängt sieben Mäuse, von denen jede sieben Kornähren gefressen hat. In jeder Ähre sind sieben Samen.* Eine Frage wird nicht gestellt, aber allgemein nimmt man an, dass die Gesamtzahl der Objekte (Häuser, Katzen, …) gefragt ist. Bestimmen Sie diese!

Lösung:

Es gibt 7 Häuser, $7 \cdot 7 = 49$ Katzen, $49 \cdot 7 = 343$ Mäuse, $343 \cdot 7 = 2401$ Kornähren, $2401 \cdot 7 = 16\,807$ Samen, insgesamt also $7 + 49 + 343 + 2401 + 16\,807 = 19\,607$ Objekte.

1. Hühner und Kaninchen

Frau Müller züchtet Hühner und Kaninchen. Sie sagt: «Meine Tiere haben zusammen 40 Augen und 62 Beine.» Wie viele Hühner und wie viele Kaninchen besitzt Frau Müller?

Lösungsweg: Aus der Angabe «40 Augen» schließen wir, dass es sich um insgesamt 20 Tiere handelt. Nun ordnen wir jedem Tier erst mal 2 Beine zu. Es bleiben 22 Beine übrig. Dies sind die zusätzlichen Beine von 11 Kaninchen.

Lösung:

11 Kaninchen, 9 Hühner

2. 144 Beine

Christoph will seine Schwester ärgern und behauptet: «In deinem Zimmer habe ich 20 Tiere gesehen, lauter Spinnen und Kakerlaken.» Und er setzt noch eins drauf: «Insgesamt haben diese Tiere 144 Beine.» Wie viele der Tiere sind Spinnen?

(Seine Schwester weiß natürlich, dass Spinnen 8 und Kakerlaken 6 Beine haben.)

Lösungsweg: Die mathematische Herangehensweise ist oft nüchtern und manchmal erbarmungslos: Wir verteilen die 144 Beine. Zunächst bekommt jedes der 20 Tiere 6 Beine. Damit sind schon 120 Beine vergeben; übrig bleiben 24. Mit diesen kann man 12 Tiere mit je 2 weiteren Beinen bestücken.

Lösung:

Im Zimmer der Schwester sind laut Christoph 12 Spinnen und 8 Kakerlaken.

3. Der schnelle Dackel

Dominik geht mit seinem Hund, einem Langhaardackel, spazieren. Als ihr Haus schon in Sichtweite ist und sie nur noch 100 Meter zu gehen haben, lässt er den Dackel los. Der rennt natürlich zum Haus, und zwar genau doppelt so schnell, wie Dominik läuft.

Am Haus angekommen, dreht der Dackel um, läuft zu Dominik, dann wieder zum Haus. Das geht so lange, bis auch Dominik angekommen ist.

Frage: Welche Strecke hat der Dackel dabei zurückgelegt?

Lösungsweg: Da Dominiks Dackel doppelt so schnell läuft wie Dominik, legt der Dackel das Doppelte der Strecke zurück, die Dominik läuft.

Lösung:

Genau 200 Meter

4. Wie viele Seiten hat das Buch?

Ein Mathematiker präsentiert stolz sein neues Buch: «Für die Seitenzahlen ab Seite 1 wurden genau 876 Ziffern verwendet!»
Die meisten Leser wird mehr interessieren, wie viele Seiten das Buch hat.

Lösungsweg: Es gibt 9 einstellige und 90 zweistellige Seitenzahlen. Um diese zu drucken, braucht man $9 + 2 \cdot 90 = 189$ Ziffern. Also bleiben noch $876 - 189 = 687$ Ziffern für die dreistelligen Seitenzahlen. Da jede solche Seitenzahl aus 3 Ziffern besteht, hat das Buch $687/3 = 229$ dreistellige Seitenzahlen.

Lösung:

Das Buch hat $9 + 90 + 229 = 328$ Seiten.

5. Trikoloren

Wir betrachten Flaggen, die nach dem Muster der französischen Trikolore gestaltet sind.

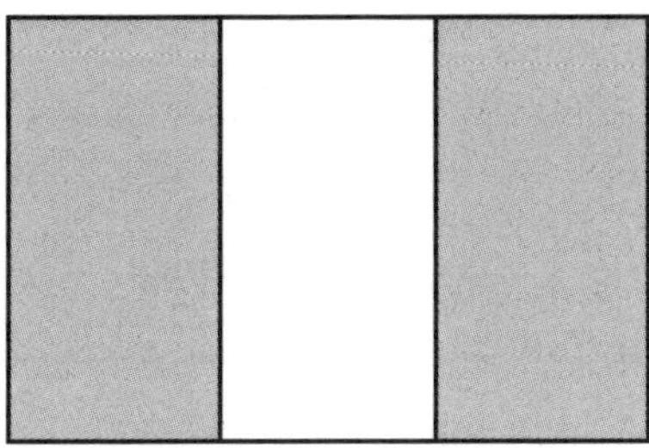

Jede Flagge besteht aus drei gleich breiten Querstreifen, dabei sollen zwei aneinanderstoßende Streifen nicht die gleiche Farbe haben. (Bei der französischen Flagge sind die Streifen übrigens nicht exakt gleich breit.)

Wie viele Flaggen sind möglich, wenn insgesamt fünf Farben zur Verfügung stehen?

Lösungsweg: Man kann $5 \cdot 4 = 20$ Flaggen aus zwei Farben herstellen: Dazu wählt man eine der fünf Farben für die äußeren Streifen und dann eine der restlichen vier Farben für den mittleren.

Ferner gibt es $5 \cdot 4 \cdot 3 = 60$ Möglichkeiten, die Streifen von links nach rechts mit verschiedenen Farben zu färben. Allerdings sieht man die Abfolge Blau–Weiß–Rot von der anderen Seite als Rot–Weiß–Blau. Das heißt, je zwei der Muster stellen die gleiche Flagge dar. Also gibt es nur $60/2 = 30$ Flaggen mit drei verschiedenen Farben.

Lösung:

Die Anzahl der möglichen Flaggen ist gleich 20 + 30 = 50.

Übrigens sind reale Flaggen in der Regel doppellagig gearbeitet; die französische Flagge zeigt also von beiden Seiten die Reihenfolge Blau–Weiß–Rot.

6. Gruppenbild

Ein Fotograf soll ein Gruppenbild der 10 Mitarbeiterinnen und Mitarbeiter einer Abteilung machen. Diese sind alle verschieden groß und sollen der Größe nach angeordnet werden. Der Fotograf hat folgende Idee im Kopf: Die Mitarbeiterinnen und Mitarbeiter bilden zwei Reihen, und zwar so, dass erstens in jeder Reihe die Größen von links nach rechts zunehmen und dass zweitens jede Person in der vorderen Reihe kleiner ist als die hinter ihr stehende.

Geht das? Wie viele Möglichkeiten hat der Fotograf?

Lösungsweg: Wir nummerieren die Mitarbeiterinnen und Mitarbeiter nach ihrer Größe mit 1, 2, …, 10. Dabei ist 1 die kleinste Person und 10 die größte.

Dann muss die Person 1 vorne links stehen. Denn die Person an dieser Stelle ist kleiner als alle, die rechts von ihr stehen, und kleiner als die dahinterstehende Person, die wiederum kleiner als alle rechts von ihr ist. Entsprechend muss die Person 10 hinten rechts stehen.

Nun schauen wir uns die Möglichkeiten in der unteren Reihe an.

Die Person vorne rechts hat eine Nummer, die höchstens 9 und mindestens 5 ist. Denn links von ihr sind vier Personen mit kleinerer Nummer.

Die Person an der zweiten Stelle von rechts muss eine Nummer

≤ 7 haben, denn sowohl rechts von ihr als auch hinter ihr steht eine größere Person; daher gibt es mindestens drei größere Personen.

Die Nummer der Person, die in der unteren Reihe in der Mitte steht, kann höchstens 5 sein; denn rechts von ihr stehen zwei größere Personen und in der hinteren Reihe noch drei Personen, die größer als sie sind.

Entsprechend sieht man, dass an der zweiten Stelle von links in der vorderen Reihe die Zahl 2 oder die Zahl 3 steht.

Zusammenfassend können wir sagen, dass an den Stellen der vorderen Reihe folgende Mitarbeiterinnen und Mitarbeiter stehen könnten:

{1}, {2,3}, {3,4,5}, {4,5,6,7}, {5,6,7,8,9}.

Nun sucht man sich aus jeder dieser Mengen eine Zahl aus, so dass diese Zahlen eine aufsteigende Reihe bilden, zum Beispiel 1, 3, 5, 6, 9. Die restlichen Zahlen (in unserem Beispiel also 2, 4, 7, 8) kommen in die zweite Reihe.

Wenn man die Möglichkeiten systematisch durchgeht, kommt man auf genau 44.

7. Perlenarmbänder

Als unsere Tochter noch klein war, liebte sie es, Perlenarmbänder zu machen. Sie hatte sich in den Kopf gesetzt, dass jedes Armband aus genau sechs Perlen bestehen soll und dass die Perlen nur zwei verschiedene Farben haben dürfen: Rosa und Lila.

Wie viele verschiedene Armbänder konnte sie machen?

Lösungsweg: Zunächst muss man sich klarmachen, wann zwei Armbänder als verschieden gelten: Sie sind gleich, wenn entweder eine Drehung oder eine Spiegelung («Umdrehen») das eine in das andere überführt. Es gibt also zum Beispiel nur ein Perlenarmband mit einer rosa Perle und fünf lilafarbenen Perlen.

Nun gehen wir die Möglichkeiten durch, indem wir diese nach der Anzahl der rosa Perlen ordnen.

Offensichtlich gibt es nur ein Band ohne rosa Perle und, wie wir uns gerade klargemacht haben, auch nur eines mit genau einer rosa Perle.

Es gibt drei Armbänder mit genau zwei rosa Perlen. Diese können direkt nebeneinanderliegen, sie können eine oder zwei lilafarbene Perlen zwischen sich haben.

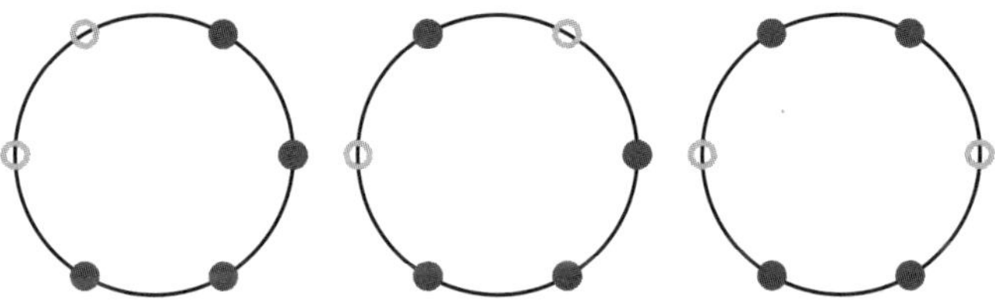

Wie können sich drei rosa Perlen auf den sechs Plätzen des Armbands verteilen? Wenn zwei nebeneinanderliegen, kann die dritte entweder direkt anschließend kommen oder von der einen der beiden Perlen durch eine und von der anderen durch zwei lilafarbene Perlen getrennt sein.

Die einzige andere Möglichkeit ist, dass zwischen der ersten und der zweiten, der zweiten und der dritten sowie der dritten und ersten jeweils eine lilafarbene Perle sitzt.

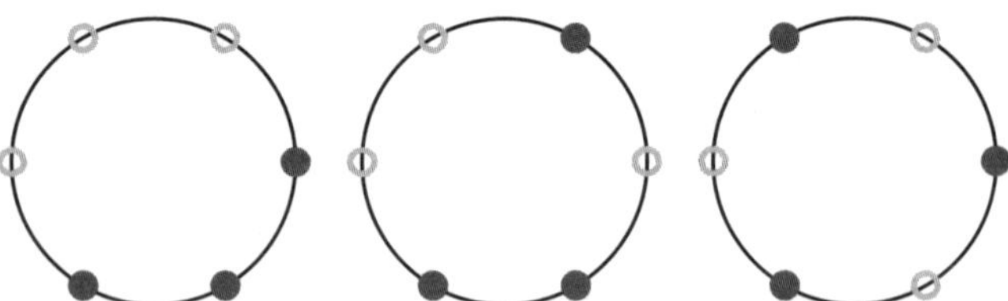

Somit hat unsere Tochter genau 1 + 1 + 3 + 3 = 8 Möglichkeiten, ein Perlenarmband mit höchstens drei rosa Perlen zu gestalten.

Natürlich gibt es auch genau 1 + 1 + 3 Möglichkeiten, Perlenarmbänder mit keiner, einer oder zwei lilafarbenen Perlen, also sechs, fünf oder vier rosa Perlen zu machen.

Lösung:

Insgesamt ergeben sich 8 + 5 = 13 Möglichkeiten.

8. Gerade Zahlen

Auf einige Felder eines 4×4-Quadrats soll je eine Münze gelegt werden, und zwar so, dass die Anzahl der Münzen in jeder Zeile und jeder Spalte eine gerade Zahl (das heißt 0, 2 oder 4) ist. Das geht nur, wenn die Anzahl der Münzen insgesamt gerade ist.

Gelingt Ihnen eine Lösung mit 2, 4, 6, 8, 10, 12 oder 14 Münzen?

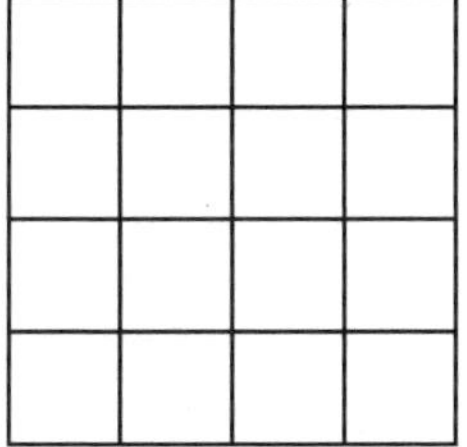

Lösungsweg: Mit 2 und mit 14 Münzen gibt es keine Lösung. Für alle anderen Werte findet man viele Lösungen.

4 Münzen legt man zum Beispiel in Form eines 2×2-Quadrats.

6 Münzen legt man so: in der ersten Zeile auf die Plätze 1 und 2, in der zweiten Zeile auf die Plätze 2 und 3, in der dritten Zeile auf die Plätze 1 und 3.

Wenn man die Münzen in die vier Ecken und in die vier mittleren Felder legt, erhält man eine Lösung mit 8 Münzen.

Die Lösungen mit 10 und 12 Münzen ergeben sich aus den Lösungen mit 6 und 4 Münzen, indem man die leeren Felder besetzt und die besetzten leerräumt.

9. 3 mal 3 mal 3 Spielwürfel

Wir stellen uns einen 3×3×3-Würfel vor, der aus 27 Spielwürfeln zusammengesetzt ist. Die Würfel sind so angeordnet, dass je zwei Würfel an den Flächen, die im Innern aneinanderliegen, die gleiche Augenzahl haben.

Wie groß ist die Summe aller Würfelzahlen auf den Außenflächen des großen Würfels?

Lösungsweg: Wir betrachten eine Außenfläche eines kleinen Würfels. Angenommen, diese Seite zeigt eine 3. Dann hat dieser Würfel auf seiner gegenüberliegenden Seite eine 4. Diese schließt an eine 4 des mittleren Würfels an, der auf seiner gegenüberliegenden Seite eine 3 hat. Der in dieser Reihe auf der gegenüberliegenden Außenseite liegende Würfel hat also innen eine 3 und außen eine 4.

Allgemein ist die Summe der Zahlen auf den Außenseiten gegenüberliegender Spielwürfel in einer Reihe gleich 7. Die neun Paare von Feldern auf gegenüberliegenden Seiten des großen Würfels ergeben also $9 \cdot 7 = 63$ Augen. Da es drei Paare gegenüberliegender Seiten gibt, ist die Summe der sichtbaren Augenzahlen gleich $3 \cdot 63$.

Lösung:

3 mal 9 mal 7, also 189

Bemerkung: Es ist nicht einfach, 27 Spielwürfel tatsächlich so anzuordnen, wie in der Aufgabe vorausgesetzt wird. Man kann das zum Beispiel so machen, dass man mit der unteren Ebene beginnt. Dabei achtet man darauf, dass die Augenzahlen auf der Oberseite die Eigenschaft haben, dass man sie entlang einer Mittellinie (die wir uns als waagerechte Achse denken) spiegeln kann und dabei gleiche Augenzahlen aufeinander gespiegelt werden. In unserem Beispiel kann man an der Mittellinie 3-4-4 spiegeln.

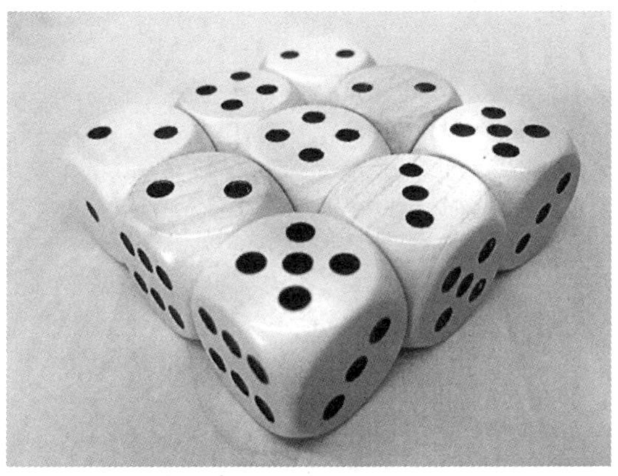

Nun dreht man die gesamte untere Ebene entlang dieser Mittellinie um 180 Grad und fügt das erhaltene Bild als mittlere Ebene des Würfels ein. Auf die Ebene darüber setzt man eine Kopie der unteren Ebene.

10. Verkabelung oder Kabel identifizieren

Die Azubi Lena hat in einem Kabelkanal, der vom Keller in das Dachgeschoss führt, ein siebenadriges Kabel durchgezogen. Unglücklicherweise haben alle Adern die gleiche Farbe und Lena muss nun herausbekommen, welche Enden im Keller zu welchen Enden des Kabels im Dachgeschoss passen.

Lena hat eine Methode, wie sie das Problem lösen kann: Sie verbindet im Keller zwei Kabelenden; sie kann auch zwei oder drei Paare von Kabelenden verbinden. Dann geht sie nach oben und kann dort mit einem Verbindungsprüfer (Batterie plus Glühbirne) testen, ob zwei Kabelenden unten verbunden sind, indem sie versucht, einen Stromkreis zu schließen.

Wie kann Lena vorgehen, wenn sie möglichst selten vom Keller in das Dachgeschoss oder vom Dachgeschoss in den Keller gehen möchte?

Lösungsweg: Lena beginnt im Keller. Sie lässt ein Ende frei und bezeichnet dies mit 7. Die anderen sechs Kabelenden verbindet sie irgendwie zu drei Paaren.

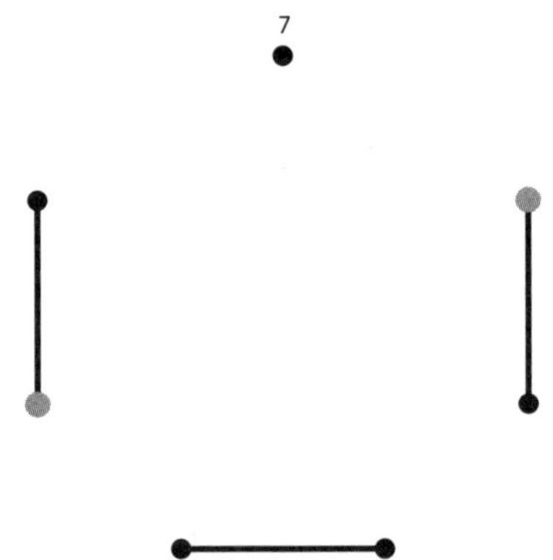

Nun steigt Lena auf den Dachboden und testet mit ihrem Verbindungsprüfer, welche Enden im Keller verbunden sind. Insbesondere erkennt sie das Ende, das im Keller mit keinem anderen Kabelende verbunden wurde, und beschriftet es mit 7.

Lena bleibt zunächst auf dem Dachboden und verbindet dort 7 mit irgendeinem anderen Ende und nennt dieses 1. Das Ende der Ader, die im Keller mit 1 verbunden ist, wird 2 genannt. Dieses Ende wird mit einem noch freien Ende verbunden, das die Bezeichnung 3 erhält. Wie zuvor bezeichnet Lena das zugehörige andere Ende mit der Nummer 4. Dessen Ende wird mit einem der beiden noch freien Enden verbunden, es erhält die Nummer 5, und das letzte Ende die Nummer 6.

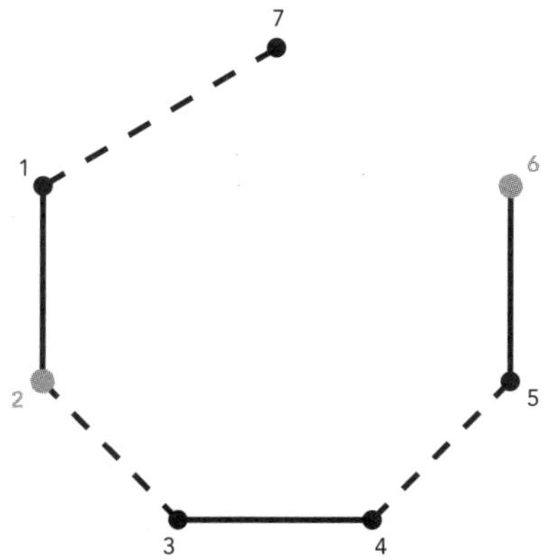

Jetzt muss Lena noch einmal in den Keller, um dort die Enden 1, 2, …, 6 zu identifizieren. Dazu entfernt sie die Verbindungen der Kabelenden im Keller, merkt sich aber die Enden, die miteinander verbunden waren.

Nun kommt der Verbindungsprüfer wieder zum Einsatz, um die Verbindungen auf dem Dachboden zu rekonstruieren. Zunächst überprüft Lena, mit welcher Ader die Ader Nr. 7 verbunden ist. Das ist die Nummer 1. Da sich Lena noch erinnert, mit welcher Ader die Ader Nr. 1 im Keller verbunden gewesen war, kann sie diese identifizieren. Das muss die Nr. 2 sein. Mit dem Verbindungsprüfer findet Lena jetzt die Verbindung zwischen 2 und 3 im Dachgeschoss heraus. Damit weiß sie, welche Ader die Nr. 3 und also auch, welche die Nr. 4 ist. Indem sie diese Prozedur noch einmal durchführt, identifiziert sie auch die Adern Nr. 5 und 6.

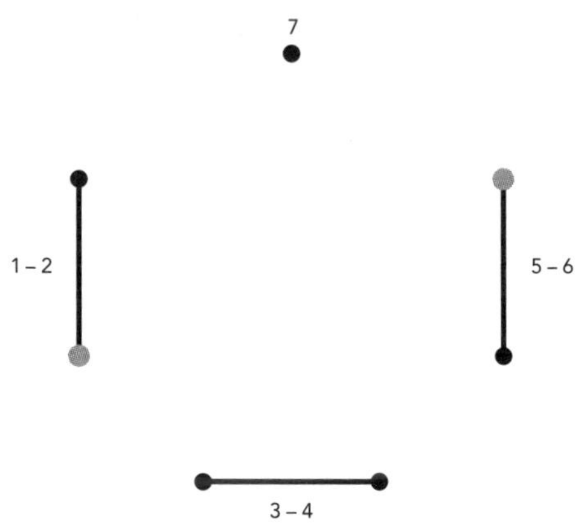

Lösung:

Lena muss nur einmal vom Keller auf den Dachboden und dann noch einmal in den Keller gehen.

Zusatzfrage: Wie würde Lena vorgehen, wenn ein achtadriges Kabel vom Keller auf den Dachboden verlegt worden wäre?

Dann lässt sie im Keller zwei Enden unverbunden. Diese kann sie im Dachgeschoss identifizieren und nennt sie 7 und 8. Wie vorher benennt sie jetzt die Enden 2, 3, …, 6 und verbindet 7 mit 1, 2 mit 3 und 4 mit 5. Wieder im Keller, kann sie 7 und 1 identifizieren, indem sie überprüft, welches Ende der 1-2-Verbindung mit welche der Adern 7 oder 8 einen geschlossenen Stromkreis bildet. Die entsprechenden Enden sind 1 bzw. 7. Nun kann sie wie oben die Enden 2, 3, 4, 5, 6 und damit auch 8 identifizieren.

Wir wenden uns zum Abschluss wieder Tieren zu, die eine sensationelle Eigenschaft haben.

11.* Chamäleons

In einem großen Terrarium leben ganz vergnügt einige Chamäleons. Und zwar 4 rote, 2 blaue und ein grünes. Chamäleons können ihre Farbe wechseln; unsere Chamäleons tun das auf ganz besondere Weise. Wann immer sich zwei Chamäleons verschiedener Farbe begegnen, nehmen beide die dritte Farbe an. Das heißt, wenn sich ein blaues und ein grünes Chamäleon begegnen, werden beide rot.

Frage: Kann es passieren, dass irgendwann alle Chamäleons die gleiche Farbe haben?

Zusatzfrage: Wie ist die Antwort, wenn zu Beginn 6 Chamäleons rot, 2 blau und eines grün ist?

Lösung:

Wenn sich ein rotes und ein blaues Chamäleon begegnen, entstehen 2 grüne. Daher gibt es anschließend jeweils 3 rote und 3 grüne Chamäleons, sowie ein blaues. Aus den 3 roten und 3 grünen Chamäleons können 6 blaue werden. Damit sind alle Chamäleons blau.

Lösungsweg zur Zusatzfrage: Wir interessieren uns für die Anzahlen der Chamäleons in jeder Farbe. Genauer gesagt interessieren wir uns dafür, um wie viel sich diese Zahlen unterscheiden.

Natürlich werden sich beim Umfärben der Chamäleons die

Anzahlen der roten, blauen und grünen Chamäleons ändern, die Unterschiede der Anzahlen ändern sich aber in viel geringerem Maße.

Die entscheidende Beobachtung ist, dass sich bei einer Umfärbung der Chamäleons der Unterschied der Anzahlen von zwei Chamäleonsorten entweder überhaupt nicht verändert oder sich so ändert, dass er um genau 3 größer oder kleiner wird.

Um das einzusehen, nehmen wir beispielsweise an, dass sich ein rotes und ein blaues Chamäleon begegnen. Bei dem Umfärbeprozess wird die Anzahl der roten und blauen Chamäleons um 1 verringert und die der grünen um 2 erhöht. Also bleibt der Unterschied zwischen den Anzahlen der roten und blauen Chamäleons gleich, während sich die Differenz der Anzahlen von roten und grünen um 3 verändert (ein rotes weniger, 2 grüne mehr).

Diese harmlos anmutende Aussage hat weitreichende Konsequenzen: Wenn der Unterschied der Anzahlen der roten und blauen Chamäleons zu Beginn kein Vielfaches von 3 ist, dann bleibt das immer so. Insbesondere kann der Unterschied nie 0 werden, es kann also nie gleich viele rote wie blaue Chamäleons geben.

Noch spezieller: Es kann nicht passieren, dass beide Anzahlen 0 werden. Daher werden nie alle Chamäleons grün sein. Allgemein gesagt: Wenn keiner der Unterschiede ein Vielfaches von 3 ist, werden nie alle Chamäleons die gleiche Farbe haben.

Bei 6 roten, 2 blauen und einem grünen Chamäleon sind die Unterschiede 4, 5 und 1; also werden nie alle die gleiche Farbe haben.

Würfel und Münzen

Der Klassiker

Bei einem Spielwürfel sind die Zahlen 1, …, 6 so auf die sechs Seiten des Würfels verteilt, dass sich die Zahlen auf gegenüberliegenden Seiten zu 7 ergänzen. Also liegen die Paare 1 und 6, 2 und 5 sowie 3 und 4 jeweils auf gegenüberliegenden Seiten.

Man kann sich nun fragen, auf wie viele Weisen man die Zahlen 1, …, 6 unter Beachtung dieser Vorschrift auf die Würfelseiten verteilen kann. Es stellt sich heraus, dass es genau zwei solche Weisen gibt. Zu dieser Erkenntnis gelangen wir, wenn wir systematisch versuchen, einen Würfel zu beschriften.

Auf irgendeiner Seite muss die 1 stehen. Wir platzieren den Würfel so, dass die 1 oben liegt. Wir wissen, dass dann die 6 unten sein muss. Daher stehen die Zahlen 2, 3, 4, 5 auf den Seiten, die zu der Seite mit der 1 benachbart sind. Auf irgendeine dieser Seiten schreiben wir die 2 und drehen den Würfel so, dass die 2 auf der Vorderseite zu sehen ist.

Da die 5 gegenüber der 2, also hinten liegt, muss die 3 rechts oder links sein. An dieser Stelle können wir eine Entscheidung treffen und die 3 entweder auf die rechte oder auf die linke Seite schreiben. Die Frage ist, ob das tatsächlich zwei verschiedene Beschriftungen erzeugt oder ob die beiden Varianten durch eine Drehung ineinander überführt werden können.

Um das zu entscheiden, schauen wir uns die Ecke an, an der die Seiten mit den Zahlen 1, 2 und 3 zusammenstoßen. Die Zahlen können entweder im Uhrzeigersinn oder gegen den Uhrzeigersinn angeordnet sein. Dies kann durch keine Drehung außer Kraft gesetzt werden. Daher gibt es tatsächlich zwei verschiedene Würfel.

1. Zwei Würfel?

Sind dies zwei Ansichten des gleichen Würfels oder zeigen sie verschiedene Würfel?

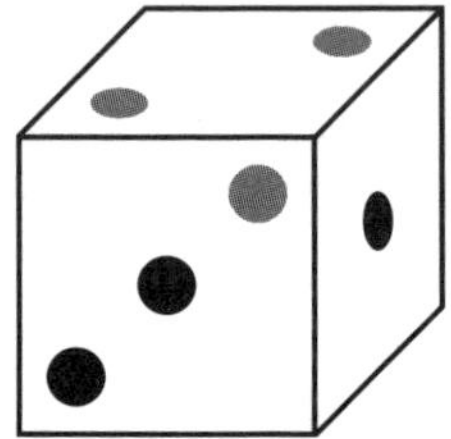
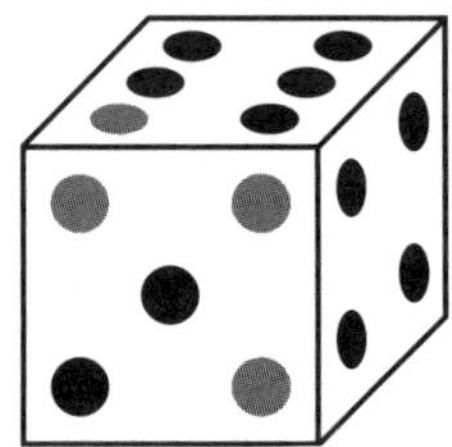

Lösungsweg: Wenn man den linken Würfel nach rechts kippt, ist die 6 oben und die 5 links. Wenn man den Würfel jetzt um eine senkrechte Achse entgegen dem Uhrzeigersinn dreht, kommt die 5 nach vorne. Rechts liegt dann aber die 3.

Bei dem rechten Würfel ist auch oben die 6 und vorne die 6, aber auf der rechten Seite ist die 4 zu sehen. Also kann es sich nicht um ein und denselben Würfel handeln.

Lösung:

Es sind zwei verschiedene Würfel.

2. Drei Würfel

Vor Ihnen stehen drei Spielwürfel übereinander getürmt. Die oberste Zahl ist eine 6. Wie groß ist die Summe der unsichtbaren Würfelzahlen, also der verdeckten Seiten der drei Würfel?

Lösungsweg: Die Summe der Zahlen auf gegenüberliegenden Seiten eines Würfels ist immer 7. Daher ergeben die verdeckten Seiten der beiden unteren Würfel jeweils 7, insgesamt also 14. Die untere Seite des oberen Würfels ist eine 1, weil die obere eine 6 zeigt.

Lösung:

Die Summe der verdeckten Seiten ist 15.

Zusatzfrage: Ich würfle mit drei Würfeln und setze diese übereinander. Der oberste Würfel hat oben eine 3. Sie schauen sich die Würfel von allen Seiten an und lesen die Augenzahlen, die Sie sehen können. Was ist die Summe aller sichtbaren Zahlen der drei Würfel?

Lösungsweg: Da die Zahlen auf gegenüberliegenden Seiten eines Würfels zusammen 7 ergeben, ist die Summe der Zahlen vorne-hinten und rechts-links bei allen Würfeln gleich 14. Zusammen sind das 14 + 14 + 14 = 42. Dazu kommt dann noch die oberste Zahl auf dem obersten Würfel.

Lösung:

45

3. Gleiche Augenzahlen

Das ist Ihnen sicher auch schon passiert: Wenn man mehrmals würfelt oder mit vielen Würfeln würfelt, erhält man oft die gleiche Augenzahl 2-mal. Das ist nicht nur subjektives Empfinden, sondern kann argumentativ nachgewiesen werden.

Wir würfeln zunächst mit dem ersten Würfel. Wie groß ist die

Wahrscheinlichkeit, mit dem zweiten Würfel eine andere Zahl zu würfeln? Klar, diese Wahrscheinlichkeit ist 5/6. Damit ist die Chance, die gleiche Zahl zu würfeln, nur 1/6.

Nun würfeln wir mit drei Würfeln. Wie groß ist die Wahrscheinlichkeit, dass alle drei Zahlen verschieden sind? Wieder stellen wir uns vor, dass der erste Würfel schon liegt. Um drei verschiedene Zahlen zu erhalten, gibt es für das Ergebnis des zweiten Würfels nur 5 und für das Ergebnis des dritten nur 4 Möglichkeiten. Also ist die Wahrscheinlichkeit, drei verschiedene Zahlen zu würfeln, gleich $5/6 \cdot 4/6 = 20/36 = 5/9$; und daher ist die Wahrscheinlichkeit, dass mindestens zwei Ergebnisse gleich sind, gleich $4/9 = 44\%$.

Ihre Aufgabe: Wie groß ist die Wahrscheinlichkeit, dass beim Würfeln mit vier Würfeln mindestens zwei Ergebnisse gleich sind?

Lösung:

26/36 = 72%

Bemerkung: In der Mathematik ist dieses Phänomen unter der Bezeichnung «Geburtstagsparadox» bekannt. Diese Bezeichnung hat ihre Ursache in folgender Fragestellung: Wie groß muss eine Gruppe von Menschen sein, damit es sich lohnt, darauf zu wetten, dass zwei am gleichen Tag Geburtstag haben? Die erstaunliche («paradoxe») Antwort ist 23. Bei 23 Personen ist die Wahrscheinlichkeit dafür, dass zwei am gleichen Tag Geburtstag haben, über 50%. Bei 30 Personen liegt die Wahrscheinlichkeit übrigens schon bei 70% und bei 50 Personen bei schier unglaublichen 97%.

Einsehen kann man das wie bei der Aufgabe mit den vier Würfeln. Wir stellen uns vor, dass wir 23 «Würfel» mit je 365 Seiten verwenden (für jeden Tag des Jahres eine) und mit allen diesen Würfeln gleichzeitig würfeln. Dann rechnet man wie vorher die Anzahl der Möglichkeiten aus, dass alle Zahlen verschieden sind.

4. Geld wechseln

Wie viele Möglichkeiten gibt es, einen 50-Euro-Schein in kleinere Euro-Scheine zu wechseln?

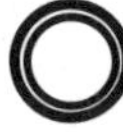

Lösungsweg: Man listet alle Möglichkeiten von (20, 20, 10) bis (5, 5, 5, 5, 5, 5, 5, 5, 5, 5) systematisch auf.

Lösung:

12 Möglichkeiten

5. Keine 2 Euro

Mit den Münzen in ihrem Geldbeutel kann Frau Müller keine 2 Euro passend zahlen.

Was ist die maximale Summe an Münzgeld, die sie in ihrem Geldbeutel haben kann?

Lösungsweg: Zunächst beginnt man mit einer 1-Euro-Münze und einer 50-Cent-Münze (oder drei 50-Cent-Münzen) und legt 20-Cent-Stücke dazu – so viele wie möglich, aber so, dass man nicht 2 Euro glatt bezahlen kann. Das sind vier 20-Cent-Stücke. Insgesamt ergibt das bereits 2,30 Euro.

Nun betrachtet man noch die kleinen Münzen. Ein 10-Cent-Stück ist nicht möglich, aber eine 5-Cent-Münze. Diese ergänzt man jetzt wieder durch 2-Cent-Münzen. Auch hier kann man vier Münzen hinzufügen.

Lösung:

Als maximaler Gesamtbetrag in Frau Müllers Geldbeutel ergibt sich somit 2,30 + 0,13 = 2,43 Euro.

6. Mit Münzen bezahlen

In einem bestimmten Land gibt es nur Münzen mit den Werten 6, 10 und 15. Man möchte möglichst alle Beträge mit diesen Münzen passend zahlen können. Das geht natürlich nicht; zum Beispiel bei den Beträgen 1, 2, 3, 4, 5. Welches ist der größte Betrag, den man mit diesen Münzen nicht bezahlen kann?

Lösungsweg: Ab 30 kann man jeden Betrag bezahlen: $30 = 15 + 15$, $31 = 15 + 10 + 6$, $32 = 10 + 10 + 6 + 6$, $33 = 15 + 6 + 6 + 6$, $34 = 10 + 6 + 6 + 6 + 6$, $35 = 15 + 10 + 10$ usw. Nicht bezahlen mit diesen Münzen aber kann man den nächstkleineren Betrag von 29: Würde man eine 15er-Münze verwenden, müsste man auch den Betrag $29 - 15 = 14$ mit diesen Münzen bezahlen können. Das geht nicht. Und mit 10er- und 6er-Münzen allein geht es sowieso nicht, denn 10 und 6 sind gerade Zahlen, 29 ist aber ungerade.

Lösung:

29

Hinweis: Mathematisch formuliert geht es um folgende Frage: Welche natürlichen Zahlen kann man erhalten, indem man die Zahlen 6, 10, 15 beliebig oft addiert? (Dabei darf man Zahlen auch 0-mal addieren.) Anders gefragt: Welche Zahlen haben eine Darstellung der Form $6a + 10b + 15c$, wobei die Zahlen a, b, c angeben, wie oft man 6 bzw. 10 bzw. 15 summiert?

Allgemein kann man die Frage nicht nur für die Zahlen 6, 10, 15, sondern für beliebige Zahlen x, y, z, … stellen. Wenn überhaupt ab einer gewissen Zahl alle natürlichen Zahlen als Summen der Zahlen x, y, z, … darstellbar sein sollen, muss der größte gemeinsame Teiler von x, y, z, … gleich 1 sein. Die größte Zahl, die man nicht als Summe der gegebenen Zahlen darstellen kann (in unserem Beispiel die Zahl 29), nennt man nach dem deutschen Mathematiker Georg Frobenius (1849–1917) die Frobenius-Zahl von x, y, z, ….

7. Münzen ordnen

Vor Ihnen liegen sechs Münzen mit den Werten 1C, 2C, 5C, 10C, 20C, 50C, allerdings in bunter Reihenfolge, zum Beispiel 5C, 1C, 50C, 10C, 20C, 2C. Sie sollen die Münzen in die natürliche aufsteigende Reihenfolge bringen, und zwar dadurch, dass Sie in jedem Schritt zwei nebeneinanderliegende Münzen vertauschen. Wie viele Vertauschungen brauchen Sie?

Lösung:

Es gibt viele Möglichkeiten. Dies ist eine.

5	1	50	10	20	2
1	5	50	10	20	2
1	5	10	50	20	2
1	5	10	20	50	2
1	5	10	20	2	50
1	5	10	2	20	50
1	5	2	10	20	50
1	2	5	10	20	50

8. Eine Münze dreht sich um eine andere

Nehmen Sie zwei gleich große Münzen, zum Beispiel zwei 1-Euro-Münzen. Legen Sie diese direkt nebeneinander und halten Sie eine fest. Die andere Münze drehen Sie um die erste herum (nicht rutschen, sondern immer drehen!). Wie oft dreht sich dabei diese Münze um sich selbst?

Lösungsweg: Wenn man die Münze auf einer geraden Strecke rollt, die die Länge des Umfangs der Münze hat, dann dreht sich diese nur 1-mal. Da die Bahn der Münze in unserem Fall aber auch einen Kreis bildet, dreht sich die Münze tatsächlich 2-mal um sich selbst.

Zusatzfrage: Nun drehen Sie eine Münze nur halb herum, so dass die Münze auf der anderen Seite der festgehaltenen Münze liegt. Ist der Kopf oder die Zahl nun in der Ausgangslage oder ist er halb gedreht?

Lösung:

Alles ist korrekt zu sehen, weil sich die Münze genau 1-mal gedreht hat.

9. Opa hat zu wenig Geld

Opa hat viele Enkel. Eigentlich möchte er gerne jedem 10 Euro schenken. Als er das Geld in seinem Geldbeutel nachzählt, merkt er, dass dann ein Enkel gar nichts bekommen würde. Da beschließt er, jedem Enkel nur 8 Euro zu schenken. Jetzt bleiben ihm noch 6 Euro übrig.

Wie viele Enkel hat Opa?

Lösungsweg: Man kann sich das so vorstellen: Opa gibt den Enkeln 10 Euro, wobei der jüngste zunächst nichts erhält. Dann zieht er von allen, die 10 Euro bekommen haben, wieder 2 Euro ein. Die 2 Euro der ersten 4 Enkel bekommt der jüngste. Es bleiben noch 6 Euro übrig, die kommen von 3 Enkeln her.

Lösung:

Insgesamt hat Opa 4 plus 3 plus den jüngsten, also 8 Enkel.

Bemerkung: Vielleicht haben Sie versucht, eine Gleichung aufzustellen? Das funktioniert natürlich auch. Wir bezeichnen die Anzahl der Enkel mit x. Wenn die Enkel 10 Euro erhalten würden, würden nur $x-1$ Enkel Geld erhalten. Also hat Opa $10 \cdot (x-1)$ Euro im Geldbeutel. Wenn jeder Enkel 8 Euro enthält, bleiben Opa noch 6 Euro übrig; also hat er $8x+6$ Euro im Geldbeutel. Somit gilt $10(x-1)=8x+6$, und daraus kann man leicht $x=8$ ausrechnen.

10. Dreieck zu Quadrat

Hier sind neun Münzen in Dreiecksform angeordnet. Können Sie durch Umlegen von nur zwei Münzen daraus ein 3×3-Quadrat bilden?

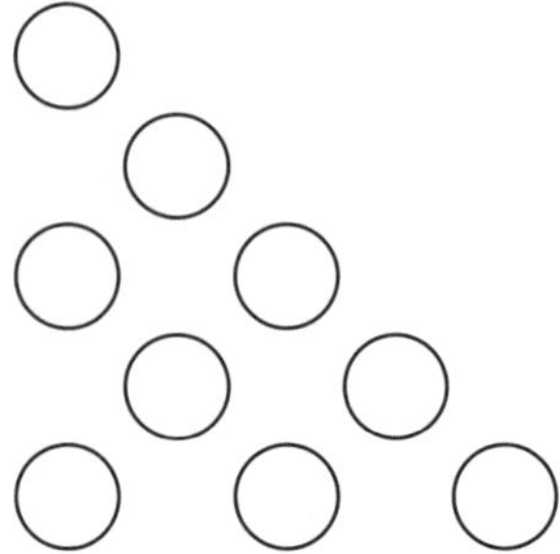

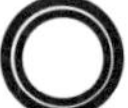

Lösungsweg: Wenn man das Dreieck so dreht, dass die lange Seite unten ist, kann man die Lösung leicht sehen:

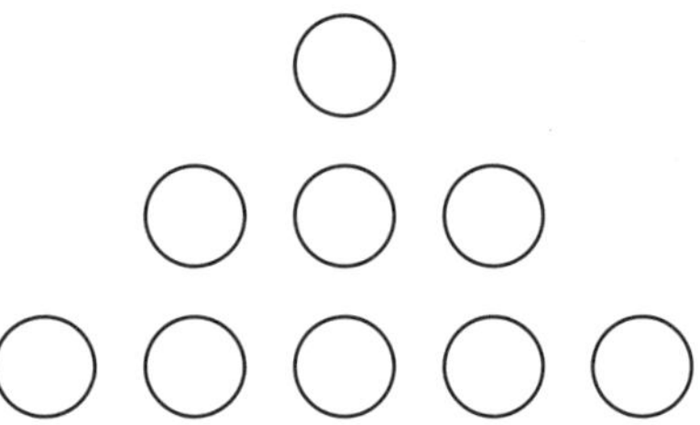

Die beiden Münzen, die unten rechts und links liegen, müssen nach oben neben die einzelne Münze.

11.* Münzwurf mit dem Teufel

Der Teufel bietet mir ein Spiel an. Wir nehmen dazu eine Münze, und zwar eine, die absolut fair ist, also langfristig in 50% der Fälle Kopf und sonst Zahl zeigt. Bei dem Spiel geht es um drei aufeinanderfolgende Münzwürfe und deren Ergebnisse. Diese können so etwas sein wie KKK, KZK, ZZK und so weiter. Insgesamt gibt es acht solche Folgen, und wenn man lange würfelt, tritt jede dieser Folgen in genau 1/8 der Fälle auf.

Nun flüstert mir der Teufel ins Ohr: «Du wählst dir eine solche Folge aus drei Ergebnissen. Dann wähle ich eine. Und dann werfen wir so lange Münzen, bis eine unserer Folgen auftaucht. Wenn deine Folge zuerst auftaucht, hast du gewonnen, sonst ich.»

Ich ahne Schlimmes, aber fange einfach an und sage: «KKK.» Da kann der Teufel nur müde lächeln und zischt: «ZKK.» Frage: Warum gewinnt der Teufel in der Mehrzahl der Fälle? Mit welcher Wahrscheinlichkeit gewinnt er tatsächlich?

Lösungsweg: Wenn die ersten drei Würfe KKK sind, habe ich gewonnen, in allen anderen Fällen der Teufel. Denn dann ist irgendwann Z gefallen und der Teufel muss nur warten, bis 1-mal Zahl gefolgt von 2-mal Kopf erscheint. Das passiert bestimmt, bevor 3-mal Kopf kommt. Also gewinnt der Teufel in 7 von 8 Fällen, also mit einer Wahrscheinlichkeit von 7/8 = 87,5%.

Gut, das ist überraschend, aber einsichtig. Eine Wahl ZZZ brauche ich gar nicht in Erwägung zu ziehen, denn dann würde der Teufel KZZ wählen und würde immer dann gewinnen, wenn die ersten drei Würfe nicht ZZZ sind.

Aber ich könnte KKZ probieren. Der Teufel denkt nicht lange nach und wählt ZKK. Er hat recht: Wenn die beiden ersten Würfe KK sind, gewinne ich, denn ich muss nur noch warten, bis irgendwann Z erscheint. In allen anderen Fällen gewinnt der Teufel. Genauer: Wenn irgendwann Z erscheint, bevor ich gewonnen habe, kann ich nicht mehr gewinnen; denn entweder kommen zwei K (und der Teufel hat gewonnen) oder es erscheint ein Z und der Teufel wartet wieder auf zwei K. Das heißt, ich gewinne in einem von vier Fällen, der Teufel in den anderen drei Fällen, also mit einer Wahrscheinlichkeit von 75%.

Entsprechend verläuft die Angelegenheit, wenn ich ZZK wähle.

Der Teufel zischt zwischen den Zähnen: «In den restlichen vier Fällen gewinne ich auch mit größerer Wahrscheinlichkeit als du. Obwohl ich zugeben muss, jeweils nur in 66% der Fälle.»

Er verrät sogar, wie er seine Sequenz wählt. Zunächst schaut der Teufel auf die zweite Komponente meiner Sequenz und wählt das genaue Gegenteil. Das heißt, wenn ich ZKZ sage, schaut der Teufel auf das mittlere K und wählt dann das Gegenteil, also Z. Daran schließt er meine erste und zweite Wahl, also «ZK» an und erhält. ZZK. Damit gewinnt er mit der Wahrscheinlichkeit von 66%.

Das bedeutet, der Teufel gewinnt nicht immer mit der gleichen Wahrscheinlichkeit, aber er gewinnt immer mit größerer Wahrscheinlichkeit als ich!

Meine Wahl	Wahl des Teufels	Wahrscheinlichkeit, mit der der Teufel gewinnt
KKK	ZKK	87,5%
KKZ	ZKK	75%
KZK	KKZ	66,6%
KZZ	KKZ	66,6%
ZKK	ZZK	66,6%
ZKZ	ZZK	66,6%
ZZK	KZZ	75%
ZZZ	KZZ	87,5%

Die Aufgabe ist unter dem Namen «Penney's game» bekannt, nach Walter Penney, der die Aufgabe 1969 veröffentlicht hat.

Schachbrett und Co.

Der Klassiker

Im Jahre 1946 veröffentlichte der Philosoph Max Black in seinem Buch *Critical Thinking* eine Aufgabe, die spätestens, als sie Martin Gardner 1957 in seiner Kolumne in *Scientific American* besprach, die Herzen aller Mathematikerinnen und Mathematiker gewann. Viele sehen diese Aufgabe, genauer gesagt deren Lösung, als eine Art «Lackmustest» für ein Mathe-Gen.

Was ist das Problem? Wir betrachten ein quadratisches Schachbrett beliebiger Größe. (In der Originalaufgabe war es das gewöhnliche 8×8-Schachbrett.) Dieses soll mit Dominosteinen bedeckt werden, die jeweils genau zwei Felder des Schachbretts überdecken. Das ist gedanklich einfach zu lösen: Wenn die Anzahl der Felder pro Reihe eine ungerade Zahl ist, ist auch die Gesamtzahl der Felder eine ungerade Zahl. Also ist eine Überdeckung mit Dominosteinen nicht möglich. Wenn die Anzahl der Felder einer Reihe aber gerade ist, kann man jede Reihe, und also auch das ganze Schachbrett mit Dominosteinen überdecken. Das ist völlig unspektakulär.

Nun kommt die eigentliche Aufgabe: Man schneidet beim Schachbrett zwei gegenüberliegende Eckfelder ab und fragt sich wieder, ob ein solches «verstümmeltes» Schachbrett mit Dominosteinen überdeckt werden kann.

Zunächst ist klar, dass man sich nur mit Schachbrettern beschäftigen muss, die eine gerade Anzahl von Feldern pro (intakter) Reihe haben. Diese haben auch nach Entfernung der beiden Eckfelder eine gerade Anzahl von Feldern, also, dazu möchten einen die Zahlen verführen, könnte eine Überdeckung möglich sein.

Wir beginnen mit einem einfachen Fall: Kann man die 14 Felder eines verstümmelten 4×4-Schachbretts mit Dominosteinen überdecken?

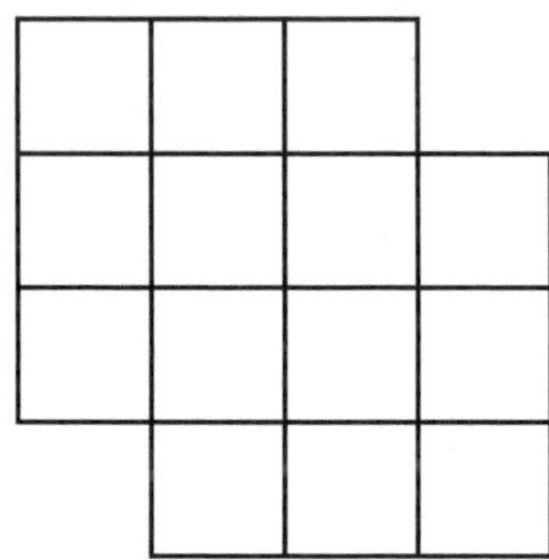

Der Vorteil dieses kleinen Beispiels ist, dass man sich noch händisch herantasten kann. Wir gehen von dem abgeschnittenen Feld links unten aus. Die Felder rechts und oberhalb dieses Felds werden durch zwei verschiedene Dominosteine überdeckt, von denen mindestens einer entlang der Außenkante des Schachbretts verlaufen muss. Nehmen wir an, dass der Stein unten waagerecht liegt. Dies erzwingt, dass das Feld rechts unten durch einen senkrechten Stein überdeckt wird. Und so findet ein Stein nach dem anderen zwangsläufig seinen Platz – bis am Ende zwei unverbundene Felder frei bleiben. Das heißt: Es geht nicht!

Mit dieser Methode kann man größere Beispiele, insbesondere das verstümmelte 8×8-Schachbrett nicht behandeln. Dazu bedarf es einer neuen Idee. Diese besteht darin, die Schwarz-Weiß-Färbung des Schachbretts zu benutzen!

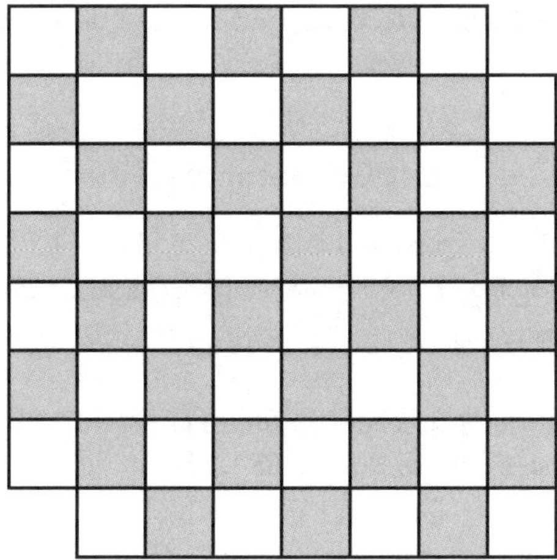

Jeder weiß, dass ein vollständiges Schachbrett gleich viele weiße wie schwarze Felder hat; das gilt ja schon für jede Zeile. Ein kurzer Blick auf das verstümmelte Schachbrett zeigt, dass zwei schwarze Felder entfernt wurden. Also hat dieses weniger schwarze als weiße Felder. Da aber jeder Dominostein ein weißes und ein schwarzes Feld überdeckt, eine Menge von Dominosteinen also immer gleich viele weiße wie schwarze, kann eine Überdeckung des verstümmelten Schachbretts nicht gelingen.

Sie sehen: Die Färbung bringt's! Und wir sehen jetzt schon, dass das ein universelles Mittel ist: So kann man sich auch klarmachen, dass ein verstümmeltes 1000×1000-Schachbrett nicht mit Dominosteinen überdeckt werden kann.

Das Wunderbare ist Folgendes: Normalerweise freut man sich, wenn etwas gelingt. Man hat einen Aha-Moment, wenn man merkt: «So geht's!» Demgegenüber bleibt man beim Nachweis, dass etwas *nicht* funktioniert, oft unbefriedigt. Hier ist es anders: Die Färbung zeigt uns die Lösung «auf einen Blick». Sie zeigt uns nicht nur, *dass* es keine Überdeckung gibt, sondern auch, *warum* das so ist.

1. Große Dominosteine

Kann man ein 6×6-Quadrat mit «Dominosteinen» der Länge 4 überdecken? Ein solcher «Dominostein» überdeckt 4 Felder in einer Zeile oder einer Spalte.

Lösungsweg: Man nimmt zunächst an, es könnte klappen, denn 9 Dominosteine können $4 \cdot 9 = 36$ Felder überdecken und das 6×6-Quadrat hat genau 36 Felder. Wir gehen systematisch vor. Wenn es funktionieren würde, dann müsste das Feld unten links durch einen waagerechten oder einen senkrechten Stein besetzt sein.

Nehmen wir an, der Stein ist waagerecht. Dann können die beiden Felder unten rechts nicht durch einen waagerechten Stein überdeckt werden. Also liegen dort zwei senkrechte Steine. Nun schauen wir nach oben rechts. Diese Felder können nur durch waagerechte Steine überdeckt werden.

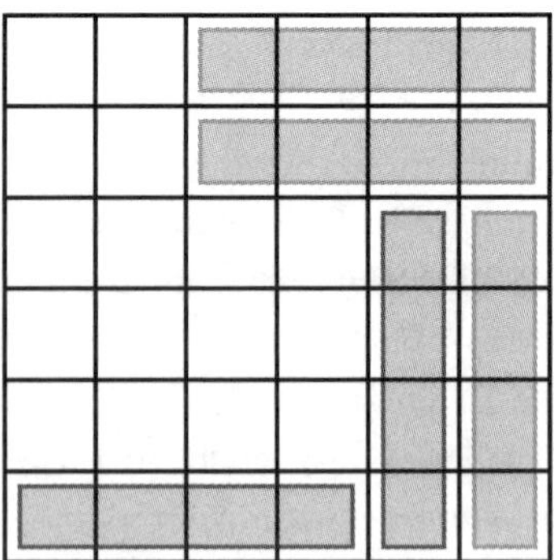

Führt man diesen Gedankengang zu Ende, sieht man, dass es nicht gelingt, alle Felder zu überdecken. Man kann es drehen und wenden wie man will: Mindestens vier Felder bleiben übrig.

Zusatzfrage: Natürlich kann man ein 8×8-Quadrat oder ein 12×12-Quadrat mit 4×1-Dominosteinen überdecken. Aber wie verhält es sich bei einem 10×10- oder einem 14×14-Quadrat? Diese Quadrate sind viel zu groß, als dass man mit Probieren wie oben zum Ziel käme. In dieser Situation hilft wieder eine Färbung, nicht die Färbung des Schachbretts, sondern eine viel sparsamere. Wir färben sozusagen nur jedes vierte Feld:

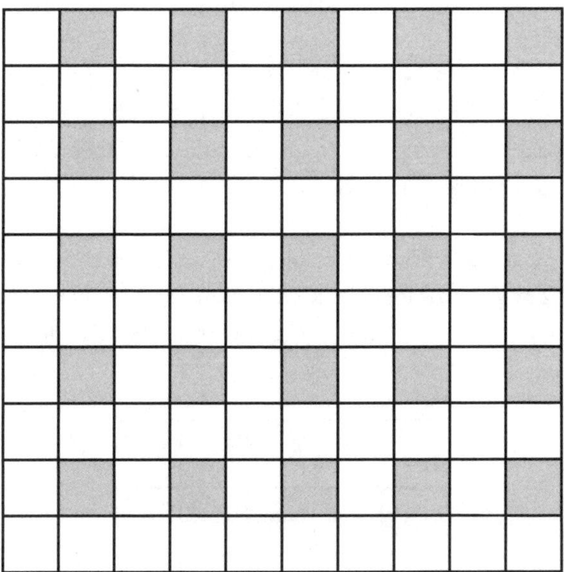

Nun ist es so, dass jeder 4×1-Dominostein entweder 0 oder 2 gefärbte Felder überdeckt. Da 0 und 2 gerade Zahlen sind, überdecken die Dominosteine insgesamt eine gerade Anzahl von gefärbten Feldern. Weil die Anzahl der gefärbten Felder aber genau 25, also eine ungerade Zahl ist, ist es unmöglich, das gesamte Quadrat mit Dominosteinen der Länge 4 zu überdecken.

Hinweis: Man kann allgemein zeigen, dass ein m×n-Rechteck genau dann mit d×1-Dominosteinen überdeckt werden kann, wenn d die Zahl m oder die Zahl n teilt.

2. Dominosteine der Länge 3

Stellen Sie sich ein 5×5-Quadrat vor, aus dem das mittlere Kästchen entfernt wurde. Kann man die restlichen 24 Kästchen mit «Dominosteinen», die aus 3 Kästchen bestehen («3×1-Dominosteine»), überdecken?

Zusatzfrage: Wenn wir nicht das mittlere Kästchen, sondern eines in der Ecke entfernen, kann man dann die restlichen 24 Kästchen mit 3×1-Dominosteinen überdecken?

Lösungsweg: Die erste Frage ist leicht zu beantworten. Zur Zusatzfrage: Nehmen wir an, das Kästchen unten links sei entfernt worden. Wir versuchen, uns eine Überdeckung der restlichen 24 Felder auszudenken.

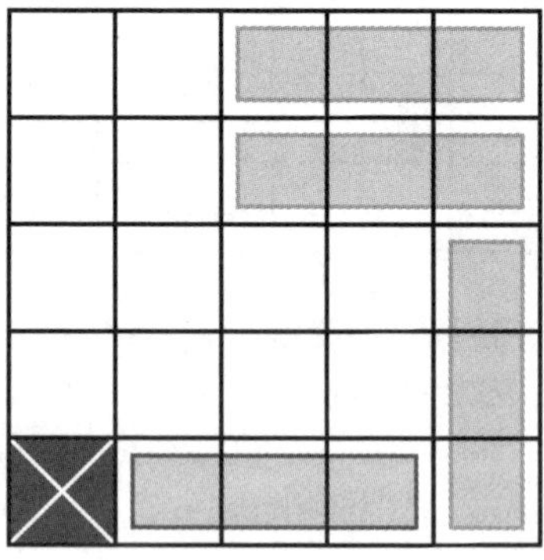

Wir betrachten die Nachbarkästchen rechts und oberhalb des entfernten Kästchens. Diese beiden Kästchen werden von zwei verschiedenen Dominosteinen überdeckt, und mindestens einer davon muss an der Außenkante des Quadrats anliegen. Sagen wir, dass ein Dominostein waagerecht unten liegt und an das entfernte Kästchen angrenzt. Dann bleibt das Kästchen rechts unten unbesetzt. Es kann nur durch einen senkrechten Dominostein überdeckt werden. Nun schauen wir nach rechts oben: Die beiden noch freien Kästchen müssen durch zwei waagerecht liegende Dominosteine überdeckt werden (siehe Abbildung).

Und nun kann man sich anstellen, wie man möchte: Den Rest lässt sich beim besten Willen nicht mit 3×1-Dominosteinen überdecken.

Lösung zur Zusatzfrage:

Nein

Hinweis: Auch ein 7×7-Quadrat oder ein 9×9-Quadrat usw., von dem ein Eckfeld entfernt wurde, lässt sich nicht mit Dominosteinen der Länge 3 überdecken. Um das zu erkennen, schauen wir uns wieder eine Färbung an. Im Falle eines 5×5-Quadrats sieht diese so aus:

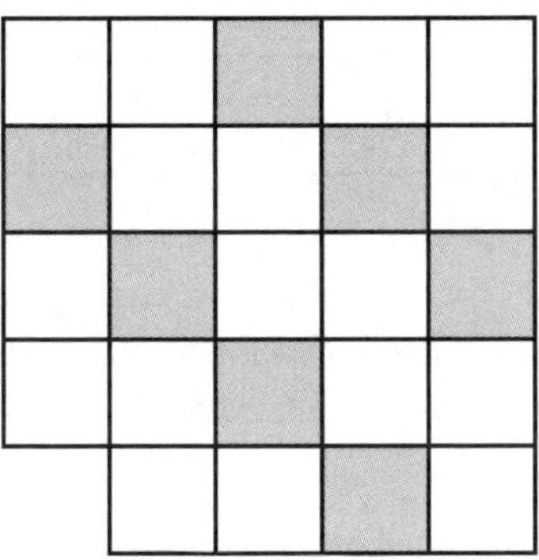

Jeder Dominostein der Länge 3 überdeckt genau ein gefärbtes Feld. Da es nur 7 gefärbte Felder gibt, können daher nicht 8 Dominosteine untergebracht werden – so viele bräuchte man aber, um 24 Felder zu überdecken.

3. Überdeckung ohne Bruchkanten

Wir kehren jetzt wieder zu normalen Dominosteinen der Länge 2 zurück. Wir stellen uns ein Quadrat vor, das von normalen 2×1-Dominosteinen überdeckt ist, die genau zwei Quadrate umfassen. Man nennt eine gerade Linie von einer Kante zur gegenüberliegenden eine «Bruchkante», wenn sie von keinem Dominostein geschnitten wird.

Zum Beispiel ist bei folgender Überdeckung eines 4×4-Quadrats die gestrichelte Linie eine Bruchkante:

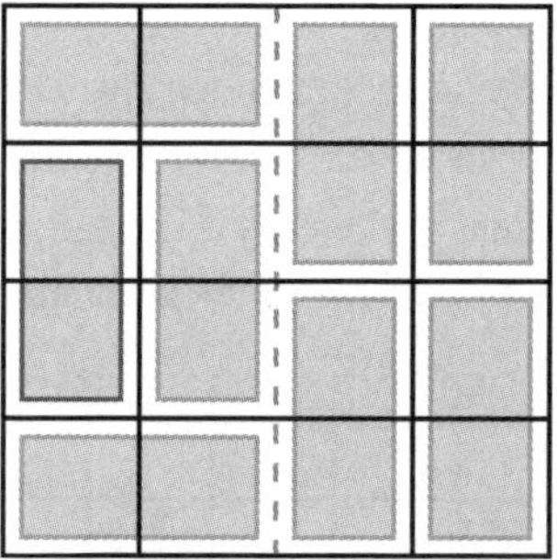

Stellen Sie sich ein 5×5-Quadrat vor, aus dem das mittlere Kästchen entfernt wurde. Können Sie die restlichen 24 Kästchen so mit Dominosteinen der Länge 2 überdecken, dass keine Bruchkante entsteht?

Lösung:

Das funktioniert gut. Man kann zum Beispiel das fehlende mittlere Feld durch einen Ring umrunden und dann den äußeren Rand belegen.

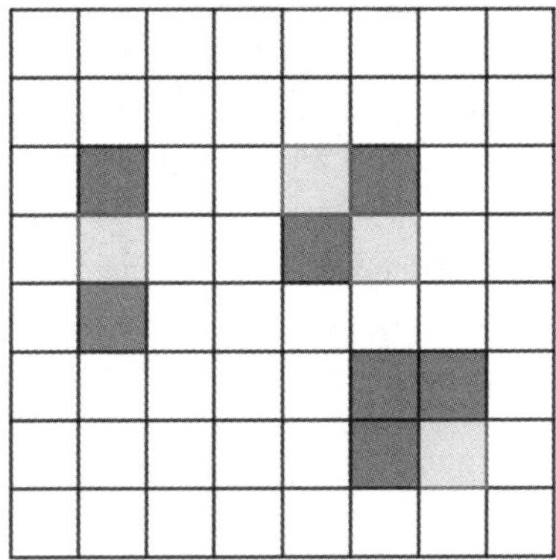

Hinweis: Mit dieser Methode lässt sich auch zeigen, dass man jedes Quadrat ungerader Seitenlänge, aus dem das mittlere Kästchen entfernt wurde, durch Dominosteine bruchkantenfrei überdecken kann.

4. Überdeckung eines 6×6-Quadrats

Kann man ein 6×6-Quadrat mit Dominosteinen bruchkantenfrei überdecken?

Lösungsweg: Ein 6×6-Quadrat hat 5 waagerechte und 5 senkrechte Linien, die als Bruchkanten in Frage kommen. Wenn es keine Bruchkante geben soll, muss jede dieser Kanten von einem oder mehreren senkrecht oder waagerecht liegenden Dominosteinen geschnitten werden.

Wir überlegen uns, dass jede Linie von mindestens zwei Dominosteinen geschnitten werden muss. Betrachten wir dazu eine senkrechte Linie. Links von ihr liegen 6, 12, 18, 24 oder 30 Kästchen – jedenfalls eine gerade Zahl. Diese werden einerseits überdeckt von Dominosteinen, die ganz auf der linken Seite liegen. Die Anzahl der von diesen Steinen überdeckten Kästchen ist gerade. Also müssten auch die Dominosteine, die von der senkrechten Linie getrennt werden, eine gerade Anzahl von Feldern überdecken. Daher müsste auch deren Anzahl gerade sein, also mindestens 2.

Die 10 Linien müssten also von mindestens 2×10 Dominosteinen geschnitten werden. Dies ist ein Widerspruch, da man zur Überdeckung des 6×6-Quadrats nur 36/2 = 18 Dominosteine braucht.

Lösung:

Nein

Entsprechende Überlegungen führen zu dem Schluss, dass sich auch das 4×4-Quadrat nicht bruchkantenfrei überdecken lässt.

5. Infizierte Zellen

In dieser Aufgabe geht es um die Ausbreitung einer Infektion. Wir stellen uns dazu ein normales 8×8-Schachbrett vor. Manche seiner Felder sind infiziert, manche nicht. Die Infektion breitet sich von Tag zu Tag aus, und zwar so: Ein Feld, das noch nicht infiziert ist, wird am nächsten Tag infiziert, falls mindestens zwei seiner Nachbarfelder infiziert waren. (Nachbarfelder sind solche, die eine gemeinsame Kante haben.)

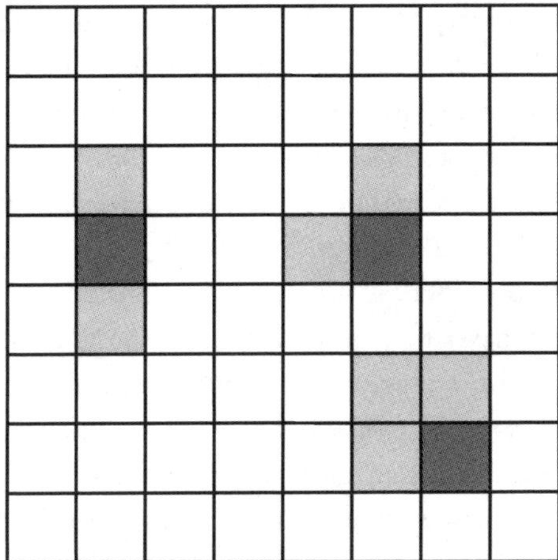

Stellen Sie sich zunächst vor, dass nur 2 Felder infiziert sind. Welche weiteren Felder können diese infizieren? Hängt das von der Lage der beiden infizierten Felder ab? Stoppt das Infektionsgeschehen irgendwann? Wie ist es bei 3 infizierten Feldern?

Können Sie 8 infizierte Felder auf dem Schachbrett angeben, die mit der Zeit das gesamte Schachbrett infizieren?

Lösungsweg: Zwei benachbarte Felder infizieren keine neuen Felder. Wenn 2 infizierte Felder ein Feld Abstand haben, wird genau dieses infiziert. Wenn sich 2 infizierte Felder an einer Ecke berühren, werden genau 2 weitere Felder infiziert. In jedem Fall stoppt die Infektion.

Wenn man alle Felder des Schachbretts infizieren möchte, kann man zum Beispiel die Felder auf einer Diagonale als infizierte Ausgangsfelder wählen.

Zusatzfrage: Können 7 infizierte Felder das ganze Schachbrett infizieren?

Lösungsweg: Die zielführende Idee ist, den *Gesamtumfang* der infizierten Zellen zu betrachten. Eine isolierte Zelle hat den Umfang 4. Zwei an einer Kante verbundene Zellen haben sechs Außenkanten, also den Umfang 6.

Zu Beginn ist der Gesamtumfang maximal $7 \cdot 4 = 28$; diese Zahl wird nur erreicht, wenn keine 2 der 7 infizierten Zellen mit einer Kante aneinanderstoßen.

Nun ist es so, dass dieser Umfang nie zunimmt: Wenn eine nicht-infizierte Zelle nur 2 infizierte Nachbarn hat, nimmt der Umfang nicht zu (zwei Kanten verschwinden, zwei kommen hinzu). Wenn diese Zelle 3 infizierte Nachbarn hat, vermindert sich der Umfang um 2 (drei Kanten weg, eine dazu), und wenn alle vier Nachbarn der Zelle infiziert sind, vermindert sich der Umfang um 4.

Lösung zur Zusatzfrage:

Da das Schachbrett den Umfang 32 hat, können 7 Zeilen nicht das gesamte Schachbrett infizieren.

6. Quadrate auf dem Schachbrett

Wie viele Quadrate kann man auf einem normalen 8×8-Schachbrett erkennen? (Die Antwort ist nicht 64.)

Lösungsweg: Die Mittelpunkte der 2×2-Quadrate auf dem Schachbrett bilden insgesamt ein 7×7-Quadrat. Also gibt es 49 Quadrate dieser Größe. Entsprechend bilden die mittleren Felder der 3×3-Quadrate ein 6×6-Quadrat, also gibt es davon genau 36 Stück usw. Insgesamt kann man also $64 + 49 + 36 + 25 + 16 + 9 + 4 + 1$ Quadrate sehen.

Kurz gesagt: Die Anzahl der Quadrate ist die Summe der ersten Quadratzahlen.

Lösung:

$1 + 4 + 9 + 16 + 25 + 36 + 49 + 64 = 204$

Zusatzfrage: Wie viele Quadrate kann man in einem Schachbrett mit n Zeilen und n Spalten sehen?

Lösung:

$1^2 + 2^2 + 3^2 + \dots + n^2$

7. Dreiecke im Dreieck

Wie viele Dreiecke kann man in dem folgenden Muster erkennen?

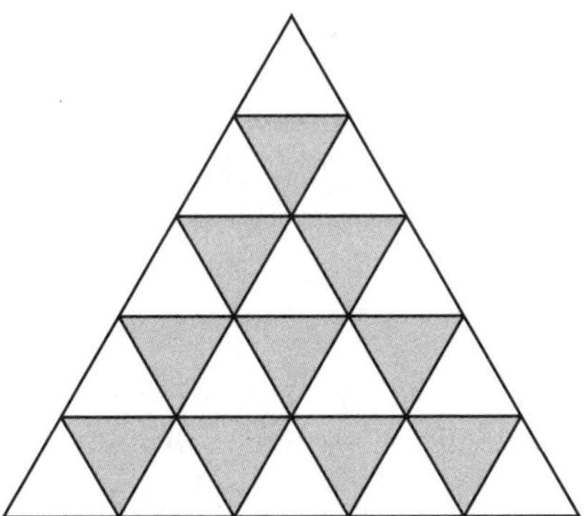

Lösungsweg: Die Anzahl der weißen kleinen Dreiecke ist $1 + 2 + 3 + 4 + 5 = 15$.

Die Anzahl der dunklen kleinen Dreiecke ist $1 + 2 + 3 + 4 = 10$.

Für die Anzahl der Dreiecke der Seitenlänge 2 beobachten wir, dass deren Spitzen die Punkte der obersten vier Punktreihen sind. Das sind $1 + 2 + 3 + 4 = 10$ Punkte.

Entsprechend haben die Dreiecke der Seitenlänge 3 ihre Spitze in den drei obersten Punktreihen. Es sind $1 + 2 + 3 = 6$ Stück.

Schließlich gibt es 3 Dreiecke der Kantenlänge 4 und eines der Kantenlänge 5.

Nicht zu vergessen: drei Dreiecke der Kantenlänge 2, die auf der Spitze stehen.

Lösung:

Insgesamt gibt es 15 + 10 + 10 + 6 + 3 + 1 + 3 = 48 Dreiecke.

Die folgenden Aufgaben fragen nach besonders effizienten Anordnungen. Hier empfiehlt es sich, nach schönen, regelmäßigen geometrischen Figuren Ausschau zu halten.

8. Sieben Bäume

Sieben Bäume sollen so gepflanzt werden, dass es möglichst viele Linien gibt, auf denen drei Bäume stehen. Kann man die Bäume so pflanzen, dass sechs Linien mit jeweils drei Bäumen entstehen?

Lösung:

Man geht von einem gleichseitigen Dreieck aus und pflanzt die Bäume (a) an die Ecken des Dreiecks, (b) an die Mittelpunkte der Seiten und (c) in den Mittelpunkt des Dreiecks.

9. Zehn Bäume

Zehn Bäume sollen so gepflanzt werden, dass sie in fünf Linien angeordnet sind, und auf jeder Linie genau vier Bäume stehen.

Wie sieht der Plan aus?

Lösungsweg: Wir tasten uns in drei Schritten an die Lösung heran.

(1) *Je zwei der Linien mit vier Bäumen haben einen Baum gemeinsam.*

Angenommen, zwei «Vierergeraden» würden sich entweder nicht schneiden oder in einem Punkt, der keinen Baum darstellt. Dann gibt es außerhalb dieser beiden Linien nur noch zwei Punkte, die Bäume darstellen. Mit diesen kann man höchstens noch eine weitere Vierergerade bilden, und damit könnte es nicht fünf Vierergeraden geben.

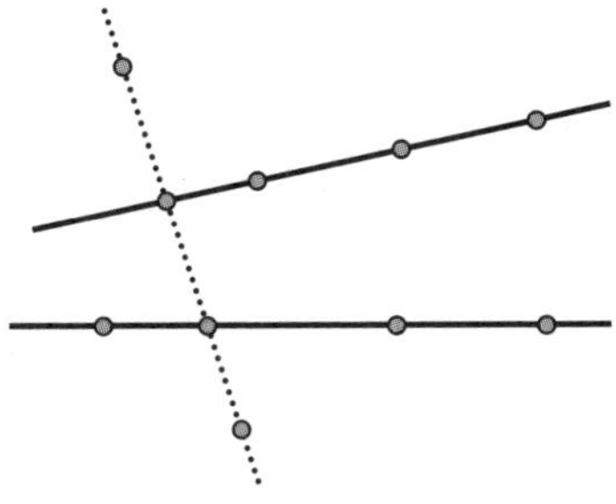

(2) *Kein Baum liegt auf drei (oder mehr) Vierergeraden.*

Angenommen, durch einen «Baumpunkt» würden drei Vierergeraden gehen. Dann würden alle zehn Baumpunkte auf diesen drei Geraden liegen. Jede andere Gerade hätte also höchstens drei Baumpunkte. Daher würde es keine fünf Vierergeraden geben.

(3) Aus (1) und (2) folgt, dass sich je zwei der fünf Vierergeraden in einem Baumpunkt treffen und dass keine drei Vierergeraden durch einen gemeinsamen Punkt gehen. Daher sind diese fünf Geraden die durchgehenden Linien eines möglicherweise verzerrten Pentagramms.

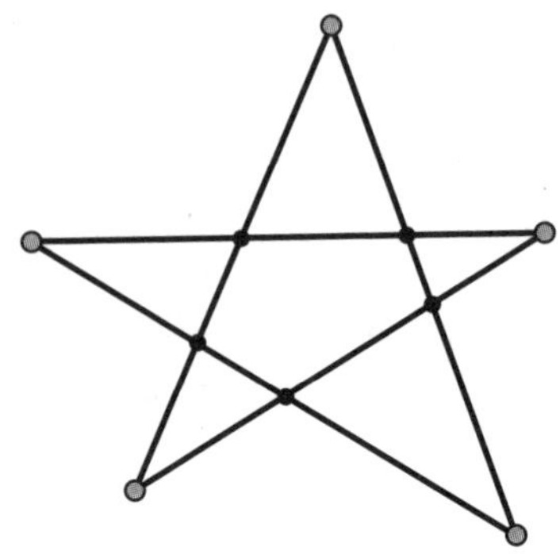

Lösung:

Man zeichne einen fünfzackigen Stern (Pentagramm) und pflanze die Bäume an die fünf Spitzen und die fünf Schnittpunkte.

10. Gleichschenklige Dreiecke

Von vier Punkten in einer Ebene sollen je drei die Ecken eines gleichschenkligen Dreiecks bilden, das heißt eines Dreiecks mit zwei gleich langen Seiten.

Lösung:

Eine Möglichkeit sind die Ecken einer Raute. Aber es ist auch ein Trapez denkbar; dieses muss allerdings zwei zusätzliche Eigenschaften haben: (1) Die drei von der Grundseite verschiedenen Seiten sind alle gleich lang und (2) die Diagonalen sind gleich lang wie die Grundseite.

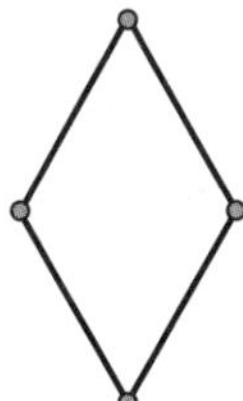

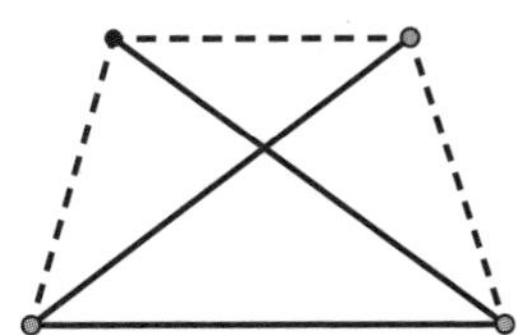

Zusatzinformation: Es ist sogar für sechs Punkte in einer Ebene denkbar, dass je drei von ihnen die Ecken eines gleichschenkligen Dreiecks bilden. Diese Punkte sind die fünf Ecken eines regulären Fünfecks zusammen mit dessen Mittelpunkt.

11.* Schnittlinien

Wir verbinden zwei gegenüberliegende Ecken eines 8×9-Rechtecks durch eine Diagonale.

(a) Wie viele Felder des Rechtecks werden von der Diagonale geschnitten?

(b) Und wie lautet die Antwort bei einem 80×81-Rechteck?

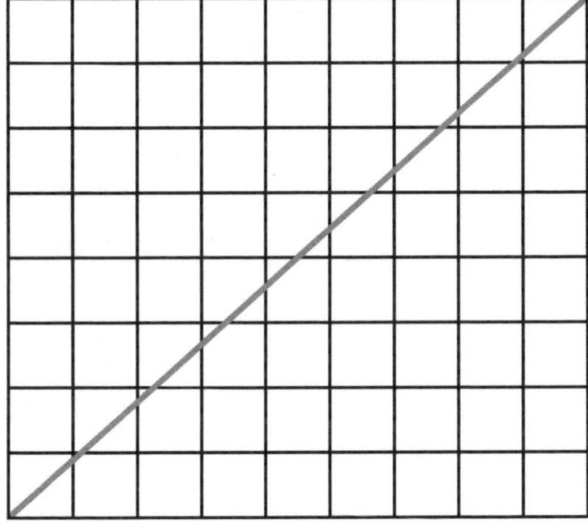

Lösungsweg: Zunächst machen wir uns klar, dass die Diagonale keinen inneren Schnittpunkt einer waagerechten und senkrechten Linie trifft: Wenn die Diagonale beispielsweise das Kästchen links unten auch in dem Punkt (1, 1) treffen würde, dann würde die Diagonale auch durch die Punkte (2, 2), (3, 3), …, (8, 8) gehen und könnte daher den Punkt (8, 9) nicht erreichen.

Jedes Mal, wenn die Diagonale eine der senkrechten oder waagerechten Linien durchschneidet, wechselt die Diagonale von einem Feld in ein anderes.

Die Diagonale durchschneidet 8 senkrechte und 7 waagerechte Linien. Also gibt es $8 + 7 = 15$ Wechsel. Dazu kommt noch das Ausgangsfeld. Insgesamt schneidet die Diagonale also 16 Felder.

Lösung (b):

Die Diagonale eines 80×81-Rechtecks schneidet $79 + 80 + 1 = 160$ Felder.

Geheime Zahlen

Der Klassiker

Viele Knobelaufgaben gleichen einem Zaubertrick, bei dem der Zauberer eine scheinbar geheime Zahl herausfindet. Dazu bittet er einen Freiwilligen, sich eine Zahl zu denken. Diese Zahl wird dann durch einige Rechenoperationen «verkleidet» – dem Zauberer gelingt es aber, trotz der Verkleidung die gedachte Zahl zu erkennen.

Zum Beispiel könnte der Zauberer einem Freiwilligen folgende Aufgabe stellen: «Denk dir eine Zahl. Addiere 5, multipliziere das Ergebnis mit 2, addiere 3 und ziehe dann die gedachte Zahl ab.» Aus dem Ergebnis kann der Zauberer leicht die gedachte Zahl bestimmen. Wenn er die unbekannte Zahl x nennt, dann sieht der Rechenweg so aus: $x \rightarrow x+5 \rightarrow (x+5)\cdot 2 \rightarrow (x+5)\cdot 2+3 \rightarrow (x+5)\cdot 2+3-x$. Den letzten Term (das ist die «verkleidete Zahl») kann man leicht zu $x+13$ umformen. Das bedeutet: Der Zauberer braucht nur von der Zahl, die ihm der Freiwillige genannt hat, 13 abziehen und kann die gedachte Zahl präsentieren.

Solche Aufgaben betrachten wir hier nicht, denn die Lösung reduziert sich jeweils auf eine reine Rechenaufgabe bzw. Zurückrechenaufgabe. In diesem Kapitel geht es darum, Zahlen zu bestimmen, wenn man nur weiß, dass sie durch gewisse Zahlen teilbar sind.

Eine typische Aufgabe ist die folgende: Bei der dreistelligen Zahl X32 ist die erste Ziffer unleserlich. Wir wissen aber, dass die Zahl durch 9 teilbar ist. Was ist X?

Zur Lösung ist es gut zu wissen, dass eine Zahl durch 9 teilbar ist, wenn die Summe ihrer Ziffern, die sogenannte «Quersumme», durch 9 teilbar ist. Zum Beispiel ist 531 durch 9 teilbar, weil ihre Quersumme $5+3+1=9$ ist. Die Quersumme der Zahl X32 ist $X+3+2$. Wenn diese Summe durch 9 teilbar sein soll, muss $X=4$ sein. Also lautet die Zahl 432.

Bei vielen Aufgaben sind solche «Teilbarkeitsregeln» nützlich. Zum Beispiel: Eine Zahl ist genau dann ohne Rest durch 2 teilbar, wenn ihre Endziffer (Einerziffer) gerade, also eine der Zahlen 0, 2, 4, 6, 8, ist. So ist zum Beispiel 7596 eine gerade Zahl, weil 6 gerade ist. Demgegenüber ist 4803 ungerade; das sieht man an der 3, die an der letzten Stelle steht. Weitere Teilbarkeitsregeln sind:

- Eine natürliche Zahl ist ohne Rest durch 4 (bzw. durch 8) teilbar, wenn die Zahl aus den letzten zwei (bzw. letzten drei) Ziffern durch 4 (bzw. durch 8) teilbar ist. So ist zum Beispiel 7932 durch 4 und 89 216 durch 8 teilbar.
- Eine natürliche Zahl ist genau dann ohne Rest durch 3 (bzw. 9) teilbar, wenn ihre Quersumme (das ist die Summe ihrer Ziffern) durch 3 (bzw. durch 9) teilbar ist. Zum Beispiel ist 42 057 durch 9 teilbar, weil die Quersumme $4+2+0+5+7=18$ durch 9 teilbar ist.

1. Unleserliche Ziffern

(a) Bei der Zahl 470?38 ist die drittletzte Ziffer unleserlich. Wir wissen allerdings, dass die gesamte Zahl durch 9 teilbar ist. Wie lautet die unleserliche Ziffer?

(b) Die Zahl 5372?6 ist durch 8 und durch 3 teilbar. Wie lautet die vorletzte Ziffer?

(c) Die Zahl 734? Ist durch 6 teilbar. Was ist die letzte Ziffer?

Lösungsweg: (a) Da die gesamte Zahl durch 9 teilbar ist, muss ihre Quersumme $4+7+0+?+3+8=22+?$ eine Neunerzahl sein. Damit ergibt sich $?=\ldots$

(b) Die Quersumme $5+3+7+2+?+6=23+?$ muss durch 3 teilbar sein. Also muss ? gleich 1 oder 4 oder 7 sein. Daher lautet die Zahl aus den letzten drei Ziffern 216 oder 246 oder 276. Von diesen ist aber nur 216 durch 8 teilbar.

(c) Wenn eine Zahl durch 6 teilbar ist, ist sie auch durch 3 und 2 teilbar.

Lösungen:

(a): 470 538; (b): 537 216; (c): 7344

2. Teilbar durch 8 und 9

Ich habe mir eine lange Zahl aufgeschrieben, aber leider so unleserlich, dass die beiden letzten Ziffern nicht mehr zu erkennen sind: Ich kann nur noch entziffern: 743567041XY. Zum Glück weiß ich noch, dass die Zahl sowohl durch 8 als auch durch 9 teilbar ist.

Bekommen Sie mit dieser Information heraus, was X und Y ist?

Lösungsweg: Da die Zahl durch 9 teilbar ist, ist auch ihre Quersumme $7+4+3+5+6+7+0+4+1+X+Y$ durch 9 teilbar. Diese Summe ist $37+X+Y$. Also ist $X+Y=8$ oder $X+Y=17$. Daher kommen für X und Y nur die Paare (0, 8), (1, 7), (2, 6), (3, 5), (4, 4), (5, 3), (6, 2), (7, 1), (8, 0) und (8, 9), (9, 8) in Frage.

Damit die Zahl durch 8 teilbar ist, muss die Zahl aus den letzten drei Ziffern, also die Zahl 1XY durch 8 teilbar sein. Durch Ausprobieren findet man die Lösung heraus.

Lösung:

X=4, Y=4

3. Subtraktion

Ich denke mir eine dreistellige Zahl mit drei verschiedenen Ziffern. Dann schreibe ich die Zahl von hinten nach vorne und erhalte eine weitere Zahl. Nun ziehe ich die kleinere dieser Zahlen von der größeren ab. Das Ergebnis ist wieder eine dreistellige Zahl. Ich verrate Ihnen die letzte Ziffer: Diese ist eine 2.

Frage: Wie lautet die ganze Zahl?

Lösungsweg: Die beiden Zahlen haben die gleiche Ziffer in der Mitte. Betrachten wir die Zahl, die abgezogen wird: Deren Hunderterziffer ist kleiner als die der anderen Zahl. Also ist deren Einerziffer größer als die der anderen Zahl. Das heißt, beim Abziehen entsteht an der Einerstelle ein Übertrag («1 im Sinn»). In der Mitte, wo beide Zahlen die gleiche Ziffer haben, entsteht beim Abziehen aufgrund des Übertrags also eine 9.

Da beim Abziehen von zwei Zahlen mit den gleichen Ziffern immer eine Neunerzahl entsteht, müssen die erste und die letzte Ziffer sich jeweils auf 9 ergänzen.

Lösung:

Die Zahl lautet 792.

Bemerkung: Warum ist die Differenz von zwei Zahlen aus gleichen Ziffern immer eine Neunerzahl? Das liegt letztlich daran, dass jede natürliche Zahl den gleichen Neunerrest hat wie ihre Quersumme. Zum Beispiel hat 654 den Neunerrest 6, denn

$654 = 72 \cdot 9 + 6$. Man hätte auch einfach die Quersumme $6 + 5 + 4 = 15$ betrachten können; denn diese hat auch den Neunerrest 6.

Nun kann man so argumentieren: Zwei Zahlen aus gleichen Ziffern haben die gleiche Quersumme. Daher haben die Quersummen den gleichen Neunerrest; also auch die beiden Zahlen. Diese sind daher jeweils ein Vielfaches von 9 plus ein Rest r. Beim Subtrahieren fallen die Neunerreste weg und es bleibt ein Vielfaches von 9 übrig.

4. Ein Neunertrick

Ich denke mir eine dreistellige Zahl, die lauter verschiedene Ziffern hat. Dann mische ich die Ziffern bunt durch und erhalte so eine weitere Zahl. Nun ziehe ich die kleinere dieser Zahlen von der größeren ab. Beim Ergebnis kringele ich eine Ziffer ein. Ich verrate Ihnen, dass die beiden anderen Ziffern 2 und 4 sind. Wie lautet meine eingekringelte Ziffer?

Lösungsweg: Wenn man zwei Zahlen, die die gleichen Ziffern haben, voneinander abzieht, erhält man immer eine Zahl, die durch 9 teilbar ist. Also muss auch die Quersumme der Differenz eine Neunerzahl sein. Das heißt: Man rechnet $2 + 4$ und ergänzt das Ergebnis auf die nächste Neunerzahl.

Lösung:

3

5. Teilbar durch 7, 8 und 9

Ich denke mir eine dreistellige Zahl. Wenn ich von ihr 9 abziehe, ist sie durch 9 teilbar. Wenn ich 8 abziehe, ist sie durch 8 teilbar, und wenn ich 7 abziehe, ist sie durch 7 teilbar.

Wie lautet meine Zahl?

Lösungsweg: Da die gesuchte Zahl eine durch 9 teilbare Zahl plus 9 ist, ist auch die Zahl selbst durch 9 teilbar. Ebenso ist sie durch 8 und 7 teilbar. Also ist die Zahl gleich $9 \cdot 8 \cdot 7$ oder ein Vielfaches davon. Da aber $9 \cdot 8 \cdot 7 = 504$ ist, hat jedes echte Vielfache davon mindestens 4 statt der verlangten 3 Stellen.

Lösung:

504

6. Durch die Ziffern teilbar

Es gibt Zahlen, deren Ziffern verschieden sind und die durch jede ihrer Ziffern teilbar sind. Zum Beispiel ist 36 sowohl durch 3 als auch durch 6 teilbar. Welches ist die größte zweistellige Zahl mit dieser Eigenschaft?

Lösung:

48

Zusatzfrage: Welches ist die größte dreistellige Zahl mit dieser Eigenschaft?

Lösungsweg der Zusatzfrage: Wir suchen eine Zahl mit den geforderten Eigenschaften. Wir schauen ganz nach oben und fragen uns, ob die Zahl größer als 900 sein könnte.

Dann wäre die erste Ziffer eine 9 und daher müsste auch die gesamte Zahl durch 9 teilbar sein. Somit muss die Summe der beiden anderen Ziffern auch 9 sein. (Summe 18 ist ausgeschlossen, da sonst alle Ziffern gleich 9 wären.) Also sind die beiden verbleibenden Ziffern 1 und 8 oder 2 und 7 oder 3 und 6 oder 4 und 5. Da 981 nicht durch 8, 972 nicht durch 7, 963 nicht durch 6, 954 nicht durch 5 und 945 nicht durch 4 teilbar ist, bleibt einzig 936 als Kandidat. Diese Zahl ist in der Tat durch 9, durch 3 und durch 6 teilbar.

7. Nur Nullen und Einsen

Wir interessieren uns in dieser Aufgabe nur für Zahlen, deren Ziffern nur Nullen und Einsen sind. Mit anderen Worten: Die Ziffern 2, 3, …, 9 sind für unsere Zahl verboten. Ferner schließen wir die Zahl 0 aus.

(a) Gibt es eine solche Zahl, die durch 125 teilbar ist?

(b) Gibt es eine solche Zahl, die durch 9 teilbar ist? Welches ist die kleinste Zahl mit dieser Eigenschaft?

(c) Welches ist die kleinste, nur aus Nullen und Einsen bestehende Zahl, die durch 72 teilbar ist?

Lösung (a):

Ja, zum Beispiel 1000

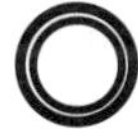

Lösungsweg (b): Da die Quersumme durch 9 teilbar ist, muss die Zahl aus 9, 18, 27, … Einsen bestehen.

Lösung (b):

Die kleinste Zahl ist 111 111 111.

Lösungsweg (c): Da $72 = 9 \cdot 8$ ist, muss die Zahl durch 9 und durch 8 teilbar sein. Also besteht die kleinste solche Zahl aus 9 Einsen. Damit die Zahl durch 8 teilbar ist, muss die Zahl aus den letzten drei Ziffern durch 8 teilbar sein. Das geht nur, wenn die drei letzten Ziffern 000 sind.

Lösung (c):

Die Zahl lautet 111 111 111 000.

8. Meine Geheimzahl

Ich habe meine Geheimzahl, die ich vor Jahren hatte, vergessen. Ich weiß nur noch, dass sie aus den Ziffern 1, 2, 3, 4 besteht und durch 8 und durch 11 teilbar ist. Wie lautet meine damalige Geheimzahl?

Lösungsweg: Wenn die Zahl durch 8 teilbar ist, muss sie auch durch 2 und durch 4 teilbar sein. Insbesondere muss die letzte Ziffer gerade, das heißt 2 oder 4 sein.

1. Fall: Die letzte Ziffer ist 2. Da die gesamte Zahl durch 4 teilbar ist, muss auch die Zahl, die aus den letzten beiden Ziffern besteht, durch 4 teilbar sein. Also endet die Zahl auf 12 oder 32. Angenommen, die letzten beiden Ziffern wären 32. Dann wäre die gesamte Zahl 4132 oder 1432. Die erste dieser Zahlen ist nicht durch 8, die zweite nicht durch 11 teilbar. Also endet die Zahl auf 12 und die ganze Zahl ist 3412 oder 4312. Die erste dieser Zahlen ist nicht durch 11 teilbar.

2. Fall: Die letzte Ziffer ist 4. Mit einer ähnlichen Argumentation

bekommt man heraus, dass nur die Möglichkeiten 3124 und 1324 in Frage kommen. Diese Zahlen sind aber nicht durch 8 teilbar.

Lösung:

4312

Die folgende Aufgabe zeigt, wie scheinbar wenige Informationen ausreichen, um die Möglichkeiten für eine Geheimzahl dramatisch einzugrenzen.

9. Geheimzahlen

Für eine 4-stellige Geheimzahl gibt es $10 \cdot 10 \cdot 10 \cdot 10 = 10\,000$ Möglichkeiten. Auf wie viel Prozent reduzieren sich die Möglichkeiten, wenn ich Ihnen verraten würde, dass bei meiner Geheimzahl

(a) die erste Stelle eine 4 ist,
(b) nur die oberste und mittlere Reihe des Tastenblocks benutzt wird,
(c) die Summe der Ziffern 10 ist,
(d) die Ziffer 4 nicht vorkommt?

Lösung:

(a) Man muss nur noch 3 Ziffern bestimmen. Dafür gibt es 1000 Möglichkeiten. Das sind 10%.
(b) In diesem Fall kommen für die Ziffern jeweils nur 6 Möglichkeiten in Frage. Also gibt es insgesamt $6 \cdot 6 \cdot 6 \cdot 6 = 1296$ Möglichkeiten, das sind knapp 13%.

Lösungsweg (c): Das ist ein bisschen mühsam auszurechnen. Man kann zum Beispiel folgende Fallunterscheidung treffen:

1. Fall: In der Geheimzahl kommt eine 9 vor. Dann muss auch eine 1 vorkommen. Es gibt $4 \cdot 3 = 12$ Möglichkeiten, diese zwei Ziffern auf die vier Stellen der Geheimzahl zu verteilen.

2. Fall: Es kommt eine 8 vor. Dann wird diese entweder durch eine 2 vervollständigt (dafür gibt es $4 \cdot 3$ Möglichkeiten). Oder es kommen zwei Einsen hinzu. Um die beiden Einsen auf die freien Stellen zu verteilen, gibt es auch drei Möglichkeiten. Also haben wir nochmals $4 \cdot 3$ Möglichkeiten.

Und so weiter.

Lösung:

(c) Es gibt nur 282 Möglichkeiten, das sind schlappe 2,8%.
(d) Für jede Ziffer gibt es nur 9 Möglichkeiten, insgesamt also $9 \cdot 9 \cdot 9 \cdot 9 = 6561$; das sind knapp 66%, also weniger als zwei Drittel

10. Viele Nullen

Die Zahl n! (lies «n Fakultät») ist das Produkt der Zahlen 1, 2, 3, …, n. Zum Beispiel ist $5! = 1 \cdot 2 \cdot 3 \cdot 4 \cdot 5 = 120$. Diese Zahlen werden schnell sehr groß; zum Beispiel hat 50! schon 65 Stellen. Wie viele Nullen hat diese Zahl 50! am Ende? (Nicht rechnen, sondern denken!)

Lösungsweg: Eine Null am Ende einer Zahl sagt, dass die Zahl durch 10 teilbar ist. Zwei Nullen am Ende bedeuten, dass die Zahl durch $10 \cdot 10$ teilbar ist, usw. Da 10 gleich 2 mal 5 ist, müssen wir die Anzahlen der Zweien und der Fünfen in den Faktoren 1, 2, 3, …, 50 der Zahl 50! bestimmen. Sie werden schnell feststellen, dass die Anzahl der Zweien viel größer ist als die Anzahl der Fünfen. Also ist die Anzahl der Fünfen die entscheidende Zahl. Jeweils eine Fünf steckt in 5, 10, 15, 20, 30, 35, 40, 45 und zwei Fünfen stecken in 25 und 50.

Lösung:

Die Zahl 50! enthält genau 12 Fünfen und hat somit 12 Nullen am Ende.

11.* Eine teilbare Zahl

Finden Sie die Zahl, die aus den neun Ziffern 1, 2, 3, …, 9 besteht, wobei jede Ziffer genau einmal vorkommt, und die die folgenden Eigenschaften hat:

- Die erste Ziffer der Zahl ist durch 1 teilbar.
- Die Zahl aus den ersten beiden Ziffern ist durch 2 teilbar.
- Die Zahl aus den ersten drei Ziffern ist durch 3 teilbar.
- Und so weiter.
- Die Zahl aus allen neun Ziffern ist durch 9 teilbar.

Lösungsweg: Zunächst verschaffen wir uns eine grobe Orientierung. Da eine Zahl, die durch 5 teilbar ist, als Einerstelle eine 5 oder eine 0 haben muss, und da keine 0 vorkommt, muss an der fünften Stelle die 5 stehen. Ferner sind die Zahlen aus den ersten 2, 4, 6 oder 8 Ziffern durch 2 teilbar, also müssen deren Endziffern (an den Stellen 2, 4, 6, 8) gerade sein. Daher müssen an den Stellen 1, 3, 7, 9 die ungeraden Ziffern ≠5 stehen. Somit sieht die gesuchte Zahl schematisch so aus:

Stelle	1	2	3	4	5	6	7	8	9
Ziffern	1	2	1	2	5	2	1	2	1
	3	4	3	4		4	3	4	3
	7	6	7	6		6	7	6	7
	9	8	9	8		8	9	8	9

Wir werden jetzt die Teilbarkeitseigenschaften anwenden und so die Möglichkeiten für die gesuchte Zahl schrittweise einschränken.

Im ersten Schritt schauen wir uns die Zahlen aus den ersten vier bzw. den ersten acht Ziffern an. Diese Zahlen sind nicht nur durch 2, sondern sogar durch 4 teilbar. Also sind auch die Zahlen aus ihren letzten beiden Ziffern durch 4 teilbar. Da die Zehnerziffern dieser Zahlen ungerade sind, sind das die Zahlen 12, 16, 32, 36, 52, 56 usw. In jedem Fall sind an der 4. und 8. Stelle nur die Ziffern 2 und 6 möglich. Damit bleiben für die Positionen 2 und 6, an denen ja auch gerade Ziffern stehen müssen, nur die Ziffern 4 und 8 übrig.

Stelle	1	2	3	4	5	6	7	8	9
Ziffern	1	4	1	2	5	4	1	2	1
	3	8	3	6		8	3	6	3
	7		7				7		7
	9		9				9		9

Da die Zahl aus den ersten 3 Ziffern und die Zahl aus den ersten 6 Ziffern durch 3 teilbar sind, muss auch die Zahl aus den Stellen 4, 5, 6 durch 3 teilbar sein. Dafür kommen nur die Kombinationen 258 und 654 in Frage:

Stelle	1	2	3	4, 5, 6	7	8	9
Ziffern	1	4	1	258	1	2	1
	3	8	3	654	3	6	3
	7		7		7		7
	9		9		9		9

Die Zahl aus den ersten acht Stellen ist durch 8 teilbar, daher muss die Zahl aus ihren letzten drei Stellen, d. h. die Zahl aus den Stellen 6, 7, 8, durch 8 teilbar sein. Dafür gibt es nur folgende Möglichkeiten: 816, 832, 872, 896, 416, 432, 472, 496. Von diesen entfallen aber 832, 872 bzw. 416, 469, weil sonst die 2 bzw. die 6 doppelt vorkommen würde.

Stelle	1	2	3	4, 5, 6, 7, 8	9
Ziffern	1	4	1	25 816	1
	3	8	3	25 896	3
	7		7	65 432	7
	9		9	65 472	9

Nun muss auch die Zahl aus den Stellen 7, 8, 9 durch 3 teilbar sein. Dafür gibt es insgesamt nur fünf Möglichkeiten:

Stelle	1	2	3	4, 5, 6, 7, 8, 9
Ziffern	1	4	1	258 963
	3	8	3	654 321
	7		7	654 327
	9		9	654 723
				654 729

Schließlich betrachten wir noch die Zahl aus den Ziffern Nr. 1, 2, 3. Da diese durch 3 teilbar ist, gibt es die folgenden Möglichkeiten: 147, 183, 189, 381, 387, 783, 741, 789, 981, 987. Wenn man diese Kombinationen mit dem Rest der Zahl zusammensetzt und beachtet, dass keine Ziffer doppelt vorkommen darf, bleiben nur die folgenden zehn Möglichkeiten:

Stelle	1, 2, 3, 4, 5, 6, 7, 8, 9
Ziffern	147 258 963
	183 654 729
	189 654 327
	189 654 723
	381 654 729
	74 1258 963
	789 654 321
	981 654 327
	981 654 723
	987 654 321

Nur eine dieser Möglichkeiten hat die Eigenschaft, dass die Zahl aus den ersten sieben Ziffern durch 7 teilbar ist.

Lösung:

381 654 729

Die Magie der Quadrate, Kreise und Sechsecke

Der Klassiker

Bei einem magischen Quadrat geht es darum, Zahlen in einem Quadrat so anzuordnen, dass die Summen der Zahlen in jeder Zeile und jeder Spalte (manchmal fordert man auch: in jeder Diagonale) gleich sind. Diese Zahl heißt oft die «magische Zahl».

Das erste und berühmteste magische Quadrat ist ein 3×3-Quadrat, das mit den Zahlen 1, 2, …, 9 so zu bestücken ist, dass sich in jeder Zeile, jeder Spalte und jeder Diagonale die gleiche Summe ergibt.

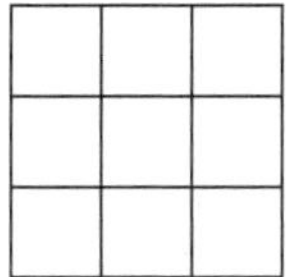

Wenn man sich an die Lösung einer solchen Aufgabe macht, kann man entweder wild herumprobieren in der Hoffnung, dass einem die Lösung irgendwann zufällt, oder man kann sich Eigenschaften überlegen, die auf jeden Fall erfüllt sein müssen. Damit verhindert man, irgendwo zu suchen, wo es garantiert keine Lösung gibt.

Erste Frage: Wie groß ist die magische Zahl?

Das kann man sich einfach überlegen: Die gesamte Summe

$1+2+3+\ldots+9$ der Zahlen muss sich gleichmäßig auf die drei Zeilen aufteilen. Also ist die magische Zahl gleich $(1+2+3+\ldots+9)/3 = 45/3 = 15$.

Nun nehmen wir die Möglichkeiten für die einzelnen Zeilen, Spalten und Diagonalen in den Blick.

Zweite Frage: Welche Kombinationen von drei verschiedenen Zahlen der Menge {1, 2, 3, …, 9} haben die Summe 15?
Um sicher zu sein, dass am Ende alle Kombinationen erfasst sind und keine doppelt aufgeführt ist, muss man systematisch vorgehen. Das kann man zum Beispiel so machen, dass man als Erstes alle Kombination notiert, die eine 1 enthalten, dann die mit einer 2 usw.

So finden wir folgende Kombinationen:
1, 5, 9
1, 6, 8
2, 4, 9
2, 5, 8
2, 6, 7
3, 4, 8
3, 5, 7
4, 5, 6

Vielleicht sind Sie erstaunt, dass nur so wenige Kombinationen in Frage kommen. Es sind genau acht. Diese brauchen wir auch für die drei Zeilen, drei Spalten und zwei Diagonalen.

Dritte Frage: Welche Zahl kommt wohin?
Dazu stellen wir zunächst für jede Zahl fest, in wie vielen Kombinationen sie vorkommt:

Die Zahl 5 kommt in vier Kombinationen vor.
Die Zahlen 2, 4, 6, 8 kommen in drei Kombinationen vor.

Die Zahlen 1, 3, 7, 9 kommen in zwei Kombinationen vor.

Nun zeichnen wir uns ein 3×3-Quadrat auf und schreiben in jedes Feld die Anzahl der Zeilen, Spalten und Diagonalen, in denen dieses Feld vorkommt. Zum Beispiel erhält das Feld links oben die Anzahl 3, da es in der ersten Zeile der ersten Spalte und einer Diagonalen vorkommt.

3	2	3
2	4	2
3	2	3

Jetzt ist es nicht mehr schwer, das magische Quadrat zu konstruieren: Die Zahl 5 muss in die Mitte kommen, die geraden Zahlen 2, 4, 6, 8 kommen in die Ecken und die restlichen ungeraden Zahlen 1, 3, 7, 9 an die Kanten:

4	9	2
3	5	7
8	1	6

Vielleicht haben Sie ein anderes magisches Quadrat erhalten. Es unterscheidet sich aber nicht wesentlich von dem obigen. Denn alle magischen 3×3-Quadrate gehen durch eine Drehung oder eine Spiegelung auseinander hervor.

Das magische 3×3-Quadrat soll in China schon vor Jahrtausenden unter dem Namen Lo Shu bekannt gewesen sein. Erzählt wird von einer Schildkröte, deren Panzer das Lo Shu zeigte.

Magische 4×4-Quadrate gibt es in Hülle und Fülle. Genauer gesagt gibt es 880 Stück (wobei Quadrate, die durch Drehen oder

Spiegeln auseinander entstehen, nicht doppelt gezählt werden). Das berühmteste ist auf dem Kupferstich *Melencolia I* von Albrecht Dürer aus dem Jahre 1514 zu sehen. Besonders interessant ist die letzte Zeile: In der Mitte erkennt man die Zahlen 15 und 14, die zusammen das Entstehungsjahr des Stiches ergeben, außen die Zahlen 4 und 1, die die Nummern der Buchstaben A D (Albrecht Dürer) sind.

16	3	2	13
5	10	11	8
8	6	7	12
4	15	14	1

1. Magisches Quadrat mit Loch

Schreiben Sie die Zahlen 1, 2, 3, …, 8 so in die Felder, dass sich in der oberen und der unteren Zeile, sowie in der linken und der rechten Spalte jeweils die gleiche Summe 14 ergibt.

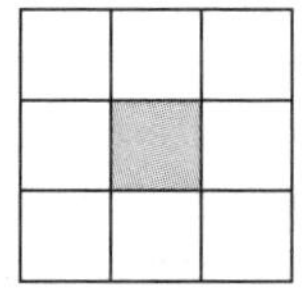

Lösungsweg: Auch bei dieser Aufgabe ist es sinnvoll, sich zunächst alle möglichen Kombinationen vor Augen zu führen. Wieder gehen wir systematisch vor und finden

1, 5, 8
1, 6, 7
2, 4, 8
2, 5, 7

3, 4, 7
3, 5, 6

Wir nehmen zunächst an, dass die Zahl 1 in einer Ecke, zum Beispiel oben links steht.

Da die Zahl 1 nur in den Kombinationen 1, 5, 8 und 1, 6, 7 vorkommt, müssen in der ersten Spalte die Zahlen 5 und 8 und in der ersten Zeile die Zahlen 6 und 7 stehen (oder umgekehrt).

Wenn 6 in der Ecke oben rechts stehen würde, dann müsste in der rechten Spalte die Kombination 3, 5, 6 stehen (denn dies ist neben 1, 6, 7 die einzige Kombination, in der 6 vorkommt). Da die 5 aber schon in der linken Spalte steht, ist dies unmöglich.

Also steht in der rechten oberen Ecke die 7 und die rechte Spalte besteht aus der Kombination 3, 4, 7.

Durch entsprechende Argumente kann man ausschließen, dass die Zahlen 5 bzw. 3 in einer der unteren Ecken stehen. Daher lautet die Lösung: Oben stehen die Zahlen 1, 6, 7, unten 8, 2, 4. Links in der Mitte steht 5, rechts in der Mitte 3.

1	6	7
5		3
8	2	4

Nun behandeln wir noch die Situation, dass die 1 nicht in einer Ecke steht; die 1 könnte zum Beispiel oben in der Mitte stehen. Dann muss in der ersten Zeile entweder die Kombination 1, 5, 8 oder die Kombination 1, 6, 7 realisiert sein.

Im ersten Fall muss in der Spalte mit der 8 die Kombination 2, 4, 8 stehen. Für die Spalte mit der 5 kommen die Kombinationen 2, 5, 7 und 3, 5, 6 in Frage. Die Kombination 2, 5, 6 können wir ausschließen, da die 2 schon in der anderen Spalte vorkommt.

Nun sieht man leicht, dass die unterste Zeile von der Kombination 2, 5, 7 gebildet wird.

5	1	8
6		2
3	7	4

Der letzte Fall ist der, dass in der ersten Zeile die Kombination 1, 6, 7 steht. Dann steht in der Spalte mit der 6 die Kombination 3, 5, 6. In der Spalte mit der 7 muss eine der Kombinationen 2, 5, 7 oder 3, 4, 7 stehen, was aber der 5 oder der 3 in der ersten Spalte widerspricht.

2. Magische Rechtecke

Können Sie die Zahlen 1, 2, …, 8 so in zwei Reihen mit je vier Zahlen schreiben, dass die Zahlen in beiden Zeilen die gleiche Summe haben und auch die Summe in jeder Spalte die gleiche ist?

Lösungsweg: Die Summe aller Zahlen 1, 2, …, 8 ist 36. Daher muss die Summe in jeder Zeile gleich 18 und in jeder Spalte gleich 9 sein. Eine mögliche Lösung ist:

8 5 3 2
1 4 6 7

Zusatzfragen: (a) Können Sie die Zahlen 1, 2, …, 12 in zwei Reihen mit je 6 Zahlen schreiben, so dass die Zahlen in beiden Zeilen die gleiche Summe haben und auch je zwei übereinanderstehende Zahlen die gleiche Summe haben?

(b) Kann man die entsprechende Aufgabe auch für die Zahlen 1, 2, …, 10 lösen?

Lösung (a):

Zum Beispiel könnte eine Zeile lauten 1 3 7 8 9 11.

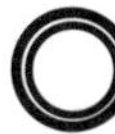

Lösungsweg (b): Die Summe 1 + 2 + 3 + … + 10 ist 45.

Lösung (b):

Nein, denn 45 ist eine ungerade Zahl, und daher kann man aus den Zahlen 1, 2, …, 10 keine zwei Zeilen mit den gleichen Summen bilden.

3. Magisches Dreieck

Bei einem Dreieck soll an jede Ecke und an jede Kante eine der Zahlen 1, 2, 3, 4, 5, 6 geschrieben werden, so dass die Summe entlang jeder Kante gleich ist.

Wenn Sie eine Lösung gefunden haben, überprüfen Sie, ob auch die Summen an jeder Ecke gleich sind.

Lösung:

1 – 4 – 5 – 2 – 3 – 6 oder 1 – 5 – 3 – 4 – 2 – 6

4. Unvollständiges magisches Quadrat

Das folgende Schema ist Teil eines magischen 4×4-Quadrats. Füllen Sie die leeren Felder so mit den Zahlen 9, 10, 11, 12, 13, 14, 15, 16, dass die Summe der Zahlen in jeder Zeile und jeder Spalte und jeder Diagonale gleich 34 ist.

1			4
	7	6	
8			5
	2	3	

Lösungsweg: Die oberste Zeile kann nur durch die Zahlenpaare 13, 16 oder 14, 15 auf 34 ergänzt werden. Dabei ist auch die Reihenfolge zu beachten, so dass es insgesamt vier Möglichkeiten gibt. Zwei führen zu einer Lösung, die anderen zu einem Widerspruch.

Lösung:

Bei einer der Lösungen lauten die Zeilen 1, 13, 16, 4; 11, 7, 6, 10; 8, 12, 9, 5 und 14, 2, 3, 15.

5. Quadrat mit römischen Zahlen

Sie kennen bestimmt die römischen Zahlzeichen I, V, X, L, C, D, M für 1, 5, 10, 50, 100, 500, 1000. Eine Zahl wird im Wesentlichen durch Aneinanderfügen der Zahlzeichen gebildet; dabei vereinbaren wir, dass die Zahlzeichen mit absteigendem Wert notiert werden. So ist zum Beispiel MCXV eine korrekt gebildete römische Zahl, nämlich $1000+100+10+5=1115$, während wir VXMC nicht als römische Zahl gelten lassen.

Man darf auch bis zu drei gleiche Symbole verwenden, falls diese nicht durch ein höheres Zahlzeichen ersetzt werden können. So ist CXXXI eine korrekte Zahl, während XVVV ausgeschlossen ist. Schließlich stellen wir die Zahlen 4, 9, 40, 90 usw. dar als IV, IX, XL, XC usw.

Tragen Sie in jede Zeile und jede Spalte des 4×4-Quadrats je eine korrekt gebildete römische Zahl ein. Dabei werden die Spalten von oben nach unten gelesen. In jedem Kästchen steht genau ein Zahlzeichen. Da es sehr viele Lösungen gibt, fordern wir noch, dass in jeder Zeile und jeder Spalte jedes Zahlzeichen höchstens einmal vorkommt.

Finden Sie eine Lösung, bei der an der dritten und vierten Stelle der vierten Zeile die Zahlzeichen I und V stehen?

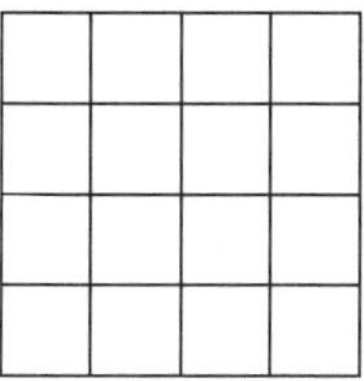

Lösung:

Zum Beispiel MDCL, DCLX, CLVI und LXIV

6. Magischer Würfel

Ein 3×3×3-Würfel wird magisch genannt, wenn man die Zahlen 1, 2, 3, …, 27 so in die 27 Teilwürfel der Kantenlänge 1 schreiben kann, dass die Summen in jeder Spalte, in jeder Zeile von rechts nach links, in jeder Zeile von vorne nach hinten und in jeder Raumdiagonale gleich sind («magische Zahl»).

(a) Wie groß ist die magische Zahl?

(b) Ergänzen Sie die folgenden Angaben zu einem magischen Würfel!

Obere Ebene:

	5	
6		

Mittlere Ebene:

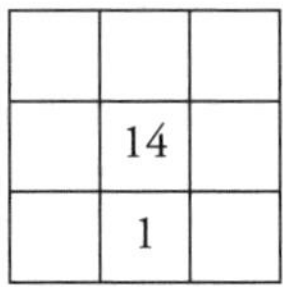

Untere Ebene:

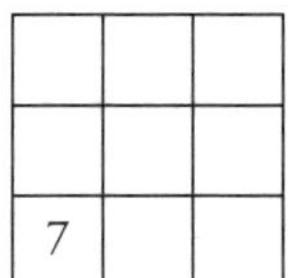

Lösung (a):

Die Summe $1 + 2 + 3 + \ldots + 27 = 27 \cdot 14$ teilt sich in die 9 Spalten auf. Also ist die Summe in jeder Spalte gleich $27 \cdot 14/9 = 42$.

Lösungsweg (b): Wenn Sie ausnutzen, dass die Zeilen und Spalten einer Ebene, die senkrechten Spalten und die Raumdiagonalen jeweils die Summe 42 ergeben müssen, kommen Sie ähnlich wie bei einem Sudoku schrittweise ans Ziel.

Bemerkung: Wir fordern nicht, dass auch die Summen entlang der Flächendiagonalen 42 ergeben müssen; man kann nämlich beweisen, dass solch ein «perfekt magischer» Würfel nicht existiert.

7. Drei Kreise

Diese drei Kreise bilden sieben Gebiete. Verteilen Sie die Zahlen 1, 2, 3, …, 7 so in die Gebiete, dass die Summe der Zahlen in jedem Kreis die gleiche ist.

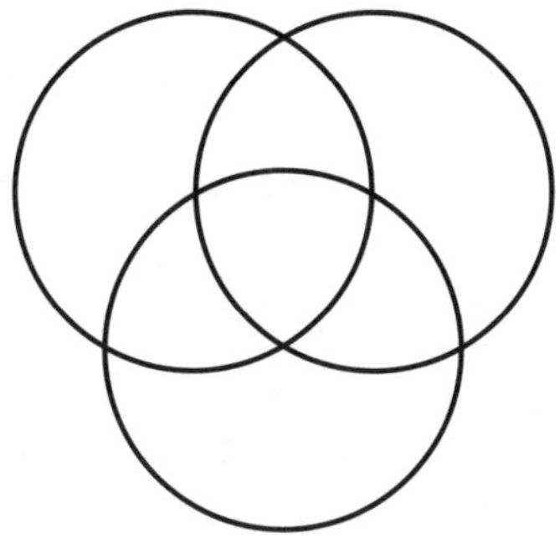

Lösungsweg: Man kann die 1, die 4 oder die 7 in die Mitte schreiben. In jedem Fall gibt es unter den restlichen Zahlen drei «kleine» und drei «große». Nun hat man zwei Möglichkeiten: Man schreibt entweder die «kleinen» Zahlen in die Schnitte von je zwei Kreisen und die «großen» in die äußeren Gebiete oder umgekehrt.

Lösung:

Zum Beispiel die 7 in die Mitte, in die Schnitte von je zwei Kreisen die Zahlen 1, 2, 3 und außen die Zahlen 4, 5, 6.

8. Magisches Quadrat mit Produkten

Fügen Sie die Zahlen 1, 2, 3, 4, 6 in die freien Felder des Quadrats so ein, dass die *Produkte* in jeder Zeile und jeder Spalte gleich sind.

	9	12
36		
		18

Lösungsweg: Das magische Produkt muss mindestens $12 \cdot 18 \cdot 1 = 216$ sein.

Also kann die 1 nicht links oben stehen (sonst wäre das Produkt nur $1 \cdot 9 \cdot 12$). Ebenso kann die 1 nicht in der mittleren Spalte stehen (denn sonst wäre das Produkt in dieser Spalte maximal $9 \cdot 6 \cdot 1$). Wenn die 1 links unten stehen würde, müsste links oben die 6 sein; daher könnte das Produkt der mittleren Spalte höchstens $9 \cdot 4 \cdot 3$ sein. Also muss die Eins in der Mitte der rechten Spalte stehen. Damit ergeben sich die anderen Zahlen schnell.

Lösung:

Die erste Zeile des Quadrats lautet 2, 9, 12, die zweite 36, 6, 1 und die dritte 3, 4, 18.

9. Ein lateinisches Quadrat

In dem folgenden Quadrat soll in jeder Zeile und jeder Spalte jede der Zahlen 1, 2, 3, 4 vorkommen. Vervollständigen Sie das Quadrat!

1	2	3	4
2		1	
3			
4			

Lösungsweg: An der letzten Stelle der zweiten Zeile darf keine 1, keine 2 und keine 4 stehen. Also steht dort eine 3. Daraus ergeben sich die restlichen Zahlen.

Lösung:

Die letzte Zeile lautet 4 3 2 1.

Bemerkung: Wenn man in einem n×n-Quadrat die Zahlen 1, 2, 3, …, n jeweils n-mal benutzt, so dass in jeder Zeile und jeder Spalte jede Zahl genau einmal auftaucht, dann spricht man von einem «lateinischen Quadrat». (Der Name kommt von der Tatsache, dass man früher für die Einträge nicht Zahlen, sondern lateinische Buchstaben verwendet hat.) Für jede Zahl n ≥ 2 gibt es (in der Regel sehr viele) lateinische n×n-Quadrate.

Die Theorie der lateinischen Quadrate bildet die Basis für die Entwicklung des Sudoku.

10. Buntes Geschirr

Als meine Tochter klein war, hatte sie Tassen und Untertassen aus Kunststoff zum Spielen. Die Tassen und Untertassen waren knallrot, himmelblau und quietschgelb. Von jeder Farbe gab es drei Tassen und drei Untertassen. Eines Tages hat meine Tochter zunächst die Unterteller so bunt wie möglich in einem Quadrat angeordnet:

rot	blau	gelb
blau	gelb	rot
gelb	rot	blau

Sie wollte nun auch die Tassen so bunt wie möglich auf die Untertassen verteilen. Also so, dass

- in keiner Zeile und keiner Spalte zwei Tassen gleicher Farbe stehen und
- dass alle Farbkombinationen von Tasse und Untertasse vorkommen.

Wie geht das?

Lösungsweg: Wenn auch die Tassen in der ersten Zeile die Farben Rot, Blau, Gelb haben, dann sind die Kombinationen aus gleichen Farben schon mal abgedeckt. Der Rest ergibt sich dann einfach: An der ersten Stelle der zweiten Zeile ist Rot und Blau verboten, also muss dort eine gelbe Tasse stehen. Dann steht in der dritten Zeile an der ersten Stelle eine blaue Tasse. In der Mitte steht eine rote Tasse usw.

Lösung:

Eine von vielen Lösungen ist die folgende: Die Farben der Tassen in der oberen Reihe sind Rot, Blau, Gelb, die in der Mitte Gelb, Rot, Blau und die in der untersten Reihe Blau, Gelb, Rot.

Bemerkung: Sowohl die Untertassen als auch die Tassen bilden lateinische Quadrate. Sie haben die zusätzliche Eigenschaft, dass jede Farbkombination von Tasse und Untertasse vorkommt. Man spricht in dieser Situation von «orthogonalen» lateinischen Quadraten.

11.* Magisches Sechseck

Wir ordnen regelmäßige Sechsecke so an, dass sie sich in 1, 2, 3 oder mehr «Ringen» um ein zentrales Sechseck ranken. Dabei entstehen Reihen von aneinanderliegenden Sechsecken in drei Richtungen: es gibt waagerechte Reihen, es gibt solche, die von rechts oben nach links unten führen, und solche, die von links oben nach rechts unten verlaufen.

Man nennt ein solches Muster «magisch», manchmal auch einfach ein «magisches Sechseck», wenn es gelingt, die Zahlen 1, 2, … so in die einzelnen Sechsecke zu schreiben, dass sich entlang jeder Reihe die gleiche Summe ergibt.

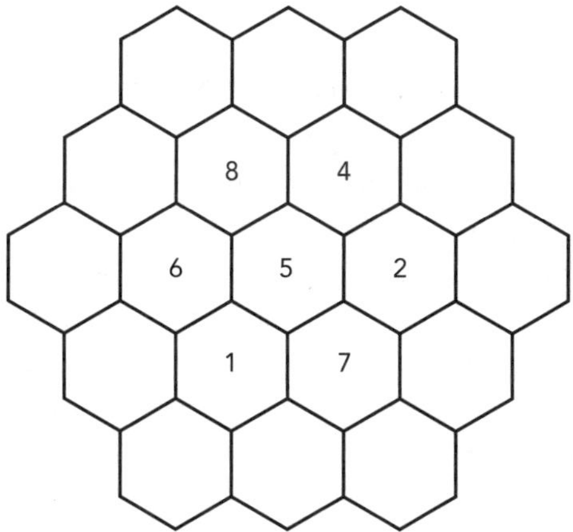

Man kann sich überzeugen, dass es ein magisches Sechseck nur geben kann, wenn sich zwei Ringe um ein mittleres Sechseck bilden. Dann muss man insgesamt $1+6+12=19$ kleine Sechsecke betrachten.

Welches ist die magische Zahl? Wir nennen diese Zahl kurz M. Diese erhält man durch Addition der Zahlen in 15 Reihen: 5 waagerechte und je 5 in den beiden schrägen Richtungen. Jedes kleine

Sechseck kommt in genau 3 dieser Reihen vor. Das bedeutet: Wenn wir die Summen aller 15 Reihen addieren, haben wir jedes Feld, und damit jede Zahl, 3-mal erfasst.

Da jede Reihe die Summe M hat, ist die Gesamtsumme gleich 15M.

Umgekehrt können wir jede Zahl in dem Muster anschauen und sie mit 3 multiplizieren und dann diese Produkte addieren. Wenn wir bei der Zahl 1 beginnen, dann zu 2 weitergehen usw., erhalten wir $1 \cdot 3 + 2 \cdot 3 + 3 \cdot 3 + \ldots + 19 \cdot 3 = (1 + 2 + 3 + \ldots + 19) \cdot 3 = 10 \cdot 19 \cdot 3$. Daher gilt $15M = 10 \cdot 19 \cdot 3$, also $M = 2 \cdot 19 = 38$.

Selbst mit diesen Angaben gibt es noch enorm viele Freiheiten – und das heißt ungeheuer viel Arbeit, das Puzzle zu lösen.

Daher nehme ich Ihnen einige Schritte ab und gebe Ihnen die sieben «inneren» Zahlen an. Versuchen Sie, die zwölf äußeren zu erschließen.

Eine Möglichkeit für einen Zugang besteht darin, das Zusammenspiel der folgenden Zahlen zu betrachten: die Zahl oben in der Mitte und die beiden äußeren Zahlen der vorletzten Zeile. Diese Zahlen bestimmen drei Reihen, und daher kann man diese Zahlen berechnen, zum Beispiel, indem man drei Gleichungen aufstellt.

Entsprechend kann man die Zahl in der Mitte unten gemeinsam mit den äußeren Zahlen der zweitobersten Zeile bestimmen.

Lösung:

Die Zahlen des äußeren Kreises lauten im Uhrzeigersinn: 15, 13, 10, 12, 16, 19, 3, 17, 18, 11, 9, 14.